Bambus

einfach & exotisch

Autor: **Wolfgang Eberts** | Fotografen: **Jutta Schneider/Michael Will** **und andere bekannte Gartenfotografen** | Zeichnerin: **Heidi Janiček**

Inhalt

Gartenpraxis

Das 5-Stufen-Erfolgsprogramm

>> einfach & exotisch

1 Kennen lernen

Hier erfahren Sie, wie das Riesengras zu seinem Namen kam und was es neben der gärtnerischen Zierde noch alles kann.

2 Auswählen

Suchen Sie sich den passenden Bambus für Ihre Wünsche aus: hoch oder niedrig, als Busch, Hecke oder Kübelpflanze.

3 Gestalten

Mit Bambussen bringen Sie Exotik auf Balkon und Terrasse und in Ihren Garten.

4 Pflanzen

Ob Sie Bambusse in die Erde oder in den Kübel einpflanzen – hier steht, worauf Sie achten sollten.

5 Pflegen

Der pflegeleichte Bambus braucht nicht viel, und mit der richtigen Pflege bleibt er lange gesund.

Pflanzenporträts

TOP 20

Die beliebtesten und pflegeleichtesten Bambusse im Porträt

Pflanzentabellen

Anhang

Gartenpraxis

Geschichtsträchtige Nutzpflanze

Bambus, das Gras, das in den Himmel wächst, war lange ein Geheimtipp nur unter Kennern.

Aber als Mitte der neunziger Jahre eine Bambusart fast überall auf der Welt zur gleichen Zeit blühte und starb (→ Seite 8/9), kam er ins Gespräch und viele Menschen wurden neugierig.

Der in Asien heimische Pandabär hat den Bambus zum Fressen gern.

Lautmalerischer Name

In Europa verbinden wir den Bambus meist mit fernöstlichen Ländern – in China und Japan wurde er schon vor nahezu 2000 Jahren in Schriften erwähnt. Aber auch in anderen Ländern Asiens sowie Südafrika, Mittel- und Südamerika sind die anpassungsfähigen Bambusse heimisch. Überall dort kommt er zwischen dem 50. nördlichen Breitengrad (z. B. im Norden Japans) bis zum 47. südlichen Breitengrad (z. B. im südlichen Chile) vor. Die meisten Bambus-Arten sind im gemäßigten Klima zu Hause und diese gedeihen bei uns auch am besten.

In Asien ist der Bambus von alters her der Freund des Menschen, das offenbart sich hier auch im Namen und Schriftzeichen: Für Bambus und Freund sind sie identisch.

Den bei uns gebräuchlichen Namen hat ihm wahrscheinlich Marco Polo gegeben. Er erwähnt die Riesengräser in seinen Reiseberichten, und die Legende erzählt, er habe auf seinen Expeditionen fürs Lagerfeuer abends gern Bambus benutzt, um wilde Tiere abzuschrecken. In der Hitze dehnt sich die Luft in den Hohlräumen der Halme nämlich aus und bringt den Halm mit einem lauten Knall – bämbu! – zum Explodieren.

Nützlich und gesund

Bei vielen Völkern liefert die Pflanze Material für Alltagsgegenstände und begleitet die Menschen ein Leben lang. Ein Bambusmesser durchtrennt die Nabelschnur eines Neugeborenen, auf einer Bahre aus Bambus wird ein Leichnam zu Grabe getragen oder verbrannt.

Geräte und Werkzeuge, ja komplette Häuser und Gerüste an Wolkenkratzern sind aus Bambus gefertigt. So errichtete z. B. der renommierte kolumbianische Architekt Simón Vélez auf der Expo in Hannover einen beeindruckenden Bambuspavillon.

Vor einigen Jahren ist es

gelungen, den Bambus in Schichten zu verleimen – so entsteht beispielsweise Bambusparkett, das in seinen Eigenschaften der Eiche in nichts nachsteht.
Dutzende von Musikinstrumenten werden aus Bambus hergestellt, darunter die Shakuhachi (Bambusflöte), die Panflöte, die indonesischen xylophonartigen Gamelangs und andere Percussion-Instrumente.
Weitere Dinge des alltäglichen Lebens aus Bambus finden wir zuhauf. Einst verwendete der Erfinder der Glühbirne Thomas Edison für den Glühfaden Bambusfasern, neuerdings steckt Bambus auch in unseren Kaffeefiltertüten und es gibt Stricknadeln aus »Bambusholz«. Der Pinsel des Künstlers ist aus Bambus und ebenso das Papier, auf dem er malt. Wenn man die Knoten (»Zwischenböden«) im Halm durchstößt, entsteht ein Rohr. Der Länge nach halbiert und ohne Trennwände fungiert ein Bambushalm als Halbschale oder offene Wasserrinne. Beides kommt z. B. in Japan bei Brunnen zur Anwendung (z. B. »Shishi-Odoshi«, → Foto, Seite 21).

Am Naturstandort in China wuchern gigantische Bambus-Wälder.

Schließlich ist der Bambus auch eine Nahrungspflanze. Der Pandabär lebt von seinen Blättern und bis zu daumenstarken Halmen. Die frischen Bambussprossen sind ein wichtiges Nahrungsmittel für uns Menschen. In China und Japan werden mit der am meisten angebauten Sorte *Phyllostachys edulis* (»der Essbare«) hohe Preise auf dem Markt erzielt, hier zu Lande kennen wir die leckeren Sprossen hauptsächlich aus Konserven.

PRAXISINFO

Heimat des Bambus

- **Tropisches Asien**
  z. B. *Bambusa multiplex, Dendrocalamus giganteus, Gigantochloa*
- **Gemäßigtes Asien**
  alle Arten der Gattungen *Fargesia, Hibanobambusa, Indocalamus, Phyllostachys, Pleioblastus, Pseudosasa, Sasa, Semiarundinaria*
- **Amerika**
  z. B. *Arundinaria gigantea, Bambusa vulgaris, Chusquea-, Guadua*-Arten
- **Afrika**
  z. B. *Borinda*

Kleiner Exkurs in die Botanik

Bambus ist eine Pflanze der Superlative. Manche Art schießt in wenigen Wochen sechs Meter in die Höhe, mit Halmen stabiler als Stahl.
Die Bambusse gehören botanisch zur Gruppe der Gräser

Blühender Fargesia murielae *ist ein seltenes Naturschauspiel.*

und haben auch deren Eigenschaften. Deshalb sprechen wir bei ihren Trieben von Halmen – auch wenn sie den Durchmesser von Ofenrohren haben und über zwanzig Meter in den Himmel ragen.

Unter der Erde

Mit seinen unterirdischen daumenstarken Trieben, den Rhizomen, und den Wurzeln verankert sich der Bambus im Boden. Im Rhizom werden Nährstoffe eingelagert, die die Pflanze im nächsten Frühjahr benötigt, um in die Höhe zu schießen. Spitz wie eine Nadel wächst es auch in hartem oder in steinigem Erdreich. An den Rhizomen sitzen rundliche Knospen, daraus wachsen sowohl Halme als auch weitere Rhizome.

Über der Erde

Beim jungen Halm, der als frisches Gemüse geschätzt wird, spricht man vom Spross. Die einzelnen Teilstücke des Halmes sind in diesem Zustand wie ein Teleskop zusammengeschoben, und er wächst, indem er sich streckt und sich die Teilstücke auseinander ziehen – binnen weniger Tage bis Wochen schießt der Bambushalm in die Höhe. Bei uns erreicht Bambus je nach Art bis zu 10 m Höhe, die Halme des tropischen *Dendrocalamus giganteus* werden sage und schreibe 35 m hoch!
Am Anfang schützen Hüllblätter den verletzlichen Spross. Ihr Leben ist von kurzer Dauer, dafür sehen sie umso schöner aus: z. B. hübsch gefleckt bei *Phyllostachys pubescens* oder perlmuttfarben glänzend bei *Semiarundinaria fastuosa.*
Halme sind anders aufgebaut als Baumstämme: Bei den meisten Arten sind sie innen hohl, ausgefüllte Halme finden wir z. B. bei den südamerikanischen *Chusquea*-Arten. Stabil werden die Rohre durch die Knoten (Nodien), die in regelmäßigen Abständen den Hohlraum unterbrechen. Seine Stabilität und Elastizität kann sich sehen lassen: Unter Belastung bestimmter Zug- und Druckkräfte ist der Bambus dem Stahl sogar überlegen! Deshalb wird er besonders in erdbebengefährdeten Teilen der Welt gern als Baumaterial verwendet.
An den Knotenringen im oberen Teil des Halmes wachsen die Blätter, sie entsprin-

Stark, stabil und schnell: In kürzester Zeit schießen Bambussprossen in Höhen von bis zu 10 Metern!

gen entweder direkt dem Halm oder sitzen an verzweigten oder unverzweigten Ästchen. Ob nun breiter, rundlicher, spitzer – alle sind länglich-spitz geformt und immergrün.

Nach der Blüte ist alles aus?

Anfang der 1990er Jahre war der Bambus plötzlich in aller Munde. Die Art *Fargesia murielae* blühte, und weltweit starben alle Nachkommen der Ursprungspflanze, die bis dahin immer weiter vermehrt und verkauft wurde. Wenn der Bambus blüht, was er gottlob nur in größeren Abständen von vielen Jahrzehnten tut, ist das kein Grund zur Freude. Denn die Blüte kann je nach Art (→ Praxisinfo) zum völligen Absterben der Pflanze führen. Das Geheimnis der Bambusblüte ist noch nicht genau erforscht, aber sie ist ein sehr seltenes und aufregendes Naturschauspiel. Bei *Phyllostachys* bewirkt sie nur eine vorübergehende Schwächung, von der sich der Bambus aber wieder erholt.
Sie brauchen sich keine Sorgen zu machen, wenn z. B. Ihr Bambus der Gattung *Phyllostachys* einmal einen blühenden Halm zeigt – das ist wahrscheinlich stressbedingt und hat keine weiteren Auswirkungen. Schneiden Sie den Halm ab und geben Sie der Pflanze Dünger.

PRAXISINFO

Blühintervalle

***Phyllostachys*- und viele andere Arten**
- blühen in großen Zeitabständen (50–70 Jahre)
- durch Blüte geschwächt, sterben aber nicht ab; aufkommende Sämlinge durchmischen Bestand

***Fargesia*-Arten**
- blühten vor rd. 8 Jahren (Blühzyklus ca. 100 Jahre)
- Mutterpflanzen sind abgestorben, neue Pflanzen entstanden aus der Saat

Tropische Bambusse, z. B. *Bambusa, Dendrocalamus*
- blühen in kürzeren Abständen (5–10 Jahre)
- produzieren große Mengen an Samen; Mutterpflanzen sterben ab, neue Pflanzen keimen aus Samen

>>Kinder-Spezial

Aus Bambus eine Flöte bauen

Bambusflöten haben einen weichen Klang, und es ist ein tolles Erlebnis, auf einer selbst gebauten zu spielen! Einem Bambusrohr lassen sich schöne Töne entlocken, wenn du daraus eine Flöte baust. Das ist gar nicht so schwer, vielleicht etwas kniffelig, wenn man es zum ersten Mal versucht. So geht's:

➤ Säge das Bambusstück zurecht (→ Foto 1).

➤ 2–3 cm vom Ende der offenen Seite entfernt sägst du die Wand an, bis innen die Sägezähne zu sehen sind. Entlang dieses Schnitts nun schräg einen »lachenden Mund« heraussägen (Luftfenster → Zeichnung 1+2).

➤ Für das Mundstück wird die offene Seite schräg abgesägt (→ Zeichnung 1).

➤ Nun den Korken längs abschneiden (→ Foto 2) und ggf. rundherum abschneiden, damit er ins Rohr passt. Schließt er nicht dicht, umwickelst du ihn mit Klebeband.

➤ Stecke den Korken in die Pfeife, die abgeflachte Seite zeigt nach oben Richtung Luftfenster (→ Zeichnung 3).

➤ Fertig! Wenn alles gut geklappt hat, kommt beim Hineinblasen jetzt ein Ton!

➤ Wenn nicht, probierst du folgende Schritte aus: Korken etwas mehr abschneiden, Mundstück flacher sägen, oder Luftfenster vergrößern.

➤ Wer weitere Töne erzeugen möchte, bohrt mehr Löcher in die Rohrwand.

PRAXISINFO

①

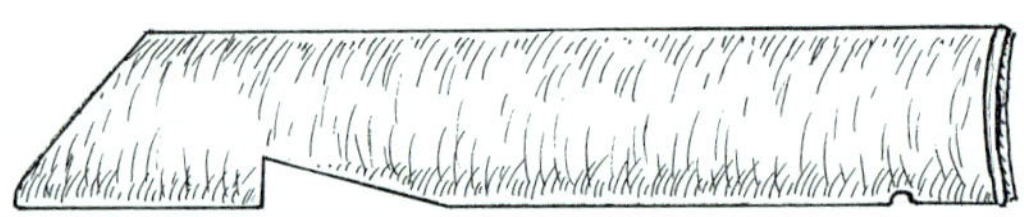

②

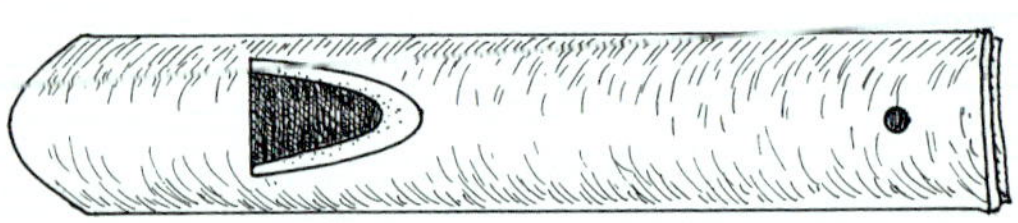

③

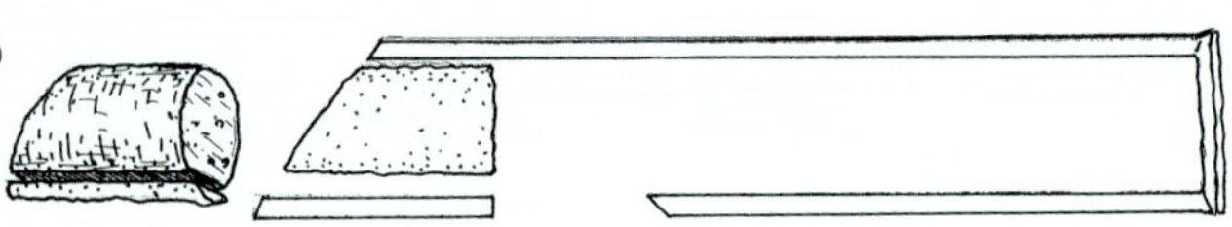

Bambusflöte bauen

Zeitbedarf: 4 Std.

Material:

- ✗ Bambushalm, ca. 10–20 cm lang und 2,5 cm dick
- ✗ Flaschenkorken
- ✗ Krepp-Klebeband

Werkzeug:

- ✗ Handsäge
- ✗ scharfes Messer
- ✗ Handbohrer

Bambusstück zurechtschneiden

1

Säge von einem Bambushalm ein Stück ab. Ein Knoten (Zwischenboden) sollte das Rohr an einem Ende abschließen.

2

Das Mundstück anfertigen

Ein Korken verschließt das Mundstück der Flöte. Schneide ihn in Längsrichtung ab, so dass eine flache Kante entsteht. Im Bambusrohr steckend bildet diese Aussparung den Luftkanal.

Der erste Ton

3

Du kannst wirklich stolz auf dich sein, wenn du diese Flöte gebaut hast.

Die 1000 Gesichter des Bambus

Ob horstig oder sich stark ausbreitend, groß oder klein, grün oder gezeichnet – Bambus erfüllt jeden Wunsch. Berücksichtigen Sie bei der Auswahl Ihres Wunschbambus Platzbedarf und Wuchsform sowie Erscheinungsbild der verschiedenen Arten, denn so bekommen Sie die optimale Pflanze für Ihren Verwendungszweck (→ auch Seite 14/15).

Horst oder Ausläufer?

Das Wuchsverhalten hat große Auswirkung auf die Pflanzung im Garten und ihren Platzbedarf.

➤ Ein Horst bildender Bambus bleibt strauchartig kompakt und wird kaum breiter als 1,5 m. Weil er nicht auf Wanderschaft geht, braucht er keine Rhizomsperre und man kann man ihn auch gut am Teich pflanzen. Insgesamt sieht er zierlicher aus und verträgt Schatten. Horste bilden die *Fargesia*-Arten.

➤ Die **Ausläufer bildenden** Bambusse dagegen haben einen starken Ausdehnungsdrang, ihre Rhizome wachsen in horizontaler Richtung immer weiter. Sie müssen mit einer so genannten Rhizomsperre (eine dicke, feste PE-Folie, → Seite 26/27) »im Zaum« gehalten werden, sonst breiten sie sich ungehindert aus. Dank des vielen Laubs und der dicken Halme sehen sie sehr dekorativ aus – v. a. im Winter, da sie nur wenige Blätter verlieren. Unter ihnen gibt es besonders hohe und große Pflanzen – sie können ganze Haine bilden – aber auch niedrige Boden deckende. Ausläufer bilden z. B. *Phyllostachys-*, *Pseudosasa-*, *Pleioblastus-*, *Sasa-*, *Sasaella-* und *Shibatea*-Arten.

Hoch oder niedrig?

Je nach Wuchshöhe lassen sich Bambusse z. B. als Sichtschutz oder Bodendecker einsetzen (→ Seite 14/15).

➤ Hohe und mittelhohe Bambusse errreichen je nach Art und Sorte bei uns Höhen bis zu 10 m. Die starken Halme sind meist im unteren Drittel nackt, Verzweigungen mit Laub bilden sie erst im oberen Bereich.

➤ Niedrige Bambusse werden 2 m hoch, sind bis unten belaubt. Sie eignen sich als Hintergrundpflanzung, Beeteinfassung oder für Kübel.

Fargesia-Arten haben horstartige Rhizome. Sie werden max. 1,5 m breit.

➤ Boden deckende Bambusse werden nur kniehoch, sind stark verzweigt und wachsen flächendeckend.

➤ Die Maximalhöhe ist abhängig von Art, Standort und Klima. Im Frühjahr wachsen neue Halme innerhalb von nur wenigen Wochen aus dem Rhizom empor, jedes Jahr deutlich längere als im Vorjahr. Die bereits stehenden, alten Halme wachsen nicht höher. Wenn ein Bambus seine spezifische Maximalhöhe erreicht hat, werden auch die neuen Halme nicht mehr länger.

Mit ihren Ausläufern erobern die meisten Bambusse große Flächen.

Wie sich der Bambus schmückt

Was die Bambusse an unterschiedlichen Färbungen der Halme und Blätter zu bieten haben, ist schon enorm (→ Pflanzenporträts ab Seite 40).

➤ Unter den hohen Bambus-Arten variieren vor allem Oberflächenbeschaffenheit, Farbe und Stärke der **Halme**: von glatt bis rau, von hellgrün bis dunkelgrün oder sogar gestreift, von daumenstark bis armdick. *Phyllostachys humilis* hat z. B. eine große Anzahl von dünnen, sich rau anfühlenden Halmen, während ein *Phyllostachys vivax* 'Aureocaulis' dicke, glänzend gelbe Halme mit grünen Streifen bildet.

➤ Bei der **Blattfarbe** glänzen eher die niedrigen Bambusse. Hier gibt es Spielarten von Grün über Weißgrün bis hin zum Gelbgrün. Im Winter unübertroffen hübsch ist *Sasa veitchii* mit seinen hell gerandeten Blättern.

➤ Möchten Sie gestalterisch eher mit der **Blattgröße** spielen, können Sie wählen zwischen wenigen Millimeter kurzen Blättern bei *Pleioblastus pygmaeus* bis zu den 40 x 8 cm großen Riesenblättern von *Sasa tessellata*.

CHECKLISTE

Wie erkenne ich gute Qualität?

- ✔ Bambuspflanzen werden im Topf angeboten, die Bambusart oder -sorte ist eindeutig bezeichnet.
- ✔ Die Größe des Kulturtopfes steht im richtigen Verhältnis zur Größe der Pflanze. Eine 1–1,5 m hohe Pflanze braucht mindestens einen 10-l-Topf.
- ✔ Der Topf darf nicht gerissen oder ausgebeult sein. Es dürfen keine Wurzeln unten am Loch sichtbar sein.
- ✔ Die Rhizome sind weiß und frisch und wachsen innen nicht am Topfrand entlang.
- ✔ Die Blätter sind kräftig grün, ohne Schädlinge.

Der richtige Bambus für jeden Platz

Es gibt fast keinen Ort, wo Bambus sich nicht gut in Szene setzen lässt – mit der richtigen Art kein Problem. Ob Sie nun Ihren Garten, die Terrasse oder Ihren Balkon mit dem beschwingten Bambus aufpeppen möchten – mit seinen unterschiedlichen Wuchsformen und Größen sind Ihrer Gestaltungsfreude keine Grenzen gesetzt.

Undurchschaubares Grün: Bambus eignet sich hervorragend als Hecke.

Bambus im Garten

Unter freiem Himmel fühlt sich der Bambus am wohlsten. Sein immergrünes Blätterkleid ist nicht nur sommers wie winters ein erbaulicher Anblick, er wird auch von Vögeln gern als Unterschlupf angenommen.

➤ Als **Solitärpflanze** wirken hohe oder mittelhohe Bambusse ausdrucksstark.

➤ Ein ebenso gutes Bild macht er als **Hecke** oder **Hain**. Ob elegant-wild mit seinem filigranen Blattwerk oder in Form geschnitten (→ Seite 22/23) – das kommt ganz auf Ihren Geschmack und den Platz im Garten an. Eine solche Bambusgruppe kann hervorragend als Sichtschutz oder Raumteiler dienen.

➤ Sehr gut fügt sich niedrig wachsender Bambus als **Unterpflanzung** in das Gartenbild ein oder als **Begleitpflanzung** hinter blühenden Sträuchern und Stauden.

➤ Boden deckende Arten (z. B. *Pleioblastus distichus*) werden zum **grünen Teppich** im Garten.

Sasa disticha *verdeckt kahle Halme seiner größeren »Cousins«.*

Der richtige Standort

Grundsätzlich sollten Sie Ihrem Bambus einige wenige Grundvoraussetzungen gönnen. Nicht ganz so optimale Verhältnisse können Sie ohne großen Aufwand aufbessern (→ Seite 26/27).

➤ Bodenart (→ Praxisinfo): Bambus braucht einen gut drainierten, lockeren und humosen Boden. Nasse Füße verträgt er nicht. Gut ist allerdings, wenn der Boden etwas Wasserhaltekraft besitzt und nicht zu viel Sand enthält. Lehmböden sind für ihn am besten.

➤ pH-Wert: Ideal sind Böden mit einem Wert um 6,5 (Mess-Sets im Fachhandel).

Bei stark alkalischen Böden kann es zu einer gelblichen Verfärbung der Blätter kommen, da Nährstoffe im Boden fixiert werden und für die Pflanze nicht verfügbar sind.

➤ Licht: Grundsätzlich lieben Bambusse helle Standorte. Einige Arten und Sorten kommen auch an Stellen zurecht, an denen es schattiger ist (z. B. *Fargesia*-Arten, *Pseudosasa japonica*).

➤ Wind: Bambus bevorzugt einen windgeschützten Platz.

Bambus im Kübel

Mancher möchte sich auf Terrasse und Balkon (→ Seite 16/17), im Wintergarten oder in der Wohnung an einem Bambus erfreuen.

Draußen an einem sonnigen bis halbschattigen und windgeschützten Platz fühlt sich Bambus im Kübel wohl. Innenräume liebt der Bambus nicht sehr. Die meisten Bambusse, die bei uns problemlos gedeihen, sind auf den Wechsel der Jahreszeiten und eine kalte Ruhephase angewiesen.

Für Innenräume eignen sich deshalb nur einige tropische Bambusse (z. B. *Bambusa vulgaris* 'Striata' oder *Bambusa vulgaris* 'Wamin').

In Einzelstellung ist der filigrane Bambus ein echter Hingucker im Garten.

Ein Südfenster ist gerade gut genug, und sie brauchen gleichmäßig feuchte Erde (→ Seite 30/31)! Bambus mag grundsätzlich keine nassen Füße, lässt sich deshalb auch nicht als Hydrokultur ziehen! Achten Sie auf ausreichende Schattierung und Belüftung, damit es nicht zum Wärmestau kommt, und auf genügend Luftfeuchtigkeit, damit die Pflanzen nicht von Spinnmilben heimgesucht werden.

PRAXISINFO

Bodenart bestimmen

Zerreiben Sie leicht angefeuchtete Erde zwischen den Fingern oder versuchen Sie sie zu rollen.

- ✗ Feuchter Tonboden bleibt an den Händen kleben und lässt sich leicht zu einer Rolle formen.
- ✗ Sandboden krümelt, rieselt durch die Finger und lässt sich nicht rollen.
- ✗ Lehmboden klebt nur ein wenig an den Händen, lässt sich gut rollen, zerfällt bei geringem Druck jedoch wieder.

Grüne Oase auf Balkon und Terrasse

Auf Balkon und Terrasse macht sich ein Bambus wunderbar – entweder unter sich oder in Gesellschaft mit anderen Blühpflanzen.
Gerade auf Balkonen und Terrassen ist der Platz für Pflanzen eingeschränkt. Mit ihrem charaktervollen Aussehen sind sie eine ideale, neutrale Kulisse für Blütenpflanzen und nehmen mit ihrem kompakten Wuchs auch nicht viel Raum in Anspruch.

Asiatische Lilien sind Begleiter für Bambusse an sonnigen Standorten.

Bambusse unter sich

Bambusse bieten Sichtschutz vor unliebsamen Blicken, sorgen für eine beruhigende Intimität und spenden an heißen Tagen kühlenden Schatten – zwei, drei mittelhohe Exemplare an den Rand gestellt machen aus Terrasse und Balkon einen heimeligen Ort.

➤ Durch geschicktes Kombinieren verschiedener Gattungen, Arten und Sorten können Sie selbst auf engstem Raum eine lebhafte Kulisse zaubern – das kontrastreiche Nebeneinander verstärkt sogar den Charakter der Pflanzen. So beginnen die gelben Halme von *Phyllostachys vivax* 'Aureocaulis' regelrecht zu leuchten, wenn sich das elegante blaugrüne Laub von *Phyllostachys viridiglaucescens* dazugesellt.

➤ Spielen Sie mit verschiedenen Blattgrößen: Das große, ausdrucksstarke Laub von *Pseudosasa japonica* unterstreicht z. B. das filigrane Blattwerk von *Phyllostachys nigra* 'Henonis' wunderschön.

➤ Falls Sie über etwas mehr Platz verfügen, können Sie Ihr Arrangement auch in der Höhe staffeln. Kleinere Gefäße (ca. 15 l) mit niedrigen Bambussen platzieren Sie im Vordergrund. *Semiarundinaria yashadake* 'Kimmei' etwa erfreut durch ihre Halmfarbe, die während der Vegetationsperiode von Grün über Gelb bis ins leuchtende Kupferrot wechselt.

➤ Stellen Sie die Kübel doch von Zeit zu Zeit um – so können Sie Ihre grüne Oase stets neu gestalten.

>> einfach und exotisch

TIPPS

Kübel bewegen

Große Bambusse zu verschieben, ist wegen ihres Gewichts nicht ganz leicht. Mit geeigneten Hilfsmitteln machen Sie's möglich:

➤ Im Gartencenter gibt es Sackkarren oder Tragebänder, mit denen sich große Kübel transportieren lassen.

➤ Berollte Untersetzer machen jederzeit mobil.

Geschützt vor den neugierigen Blicken der Nachbarn lässt sich der Sommer auf der Terrasse genießen!

Bambus mit bunten Balkonpflanzen

Mit ihrem geschlossenen Blattwerk können Bambusse auch eine gute Kulisse für blühende Pflanzen sein. Zum ruhigen, asiatischen Charakter passen am besten solche mit zurückhaltenden, »leisen« Blütenfarbtönen – schreiende Farben einer Topfrose oder Pelargonie beeinträchtigen die meditative Stimmung.

➤ Für sonnige Balkone oder Terrassen bieten sich hervorragend die Asiatischen Lilien (*Lilium*-Hybriden) an. Ihre großen, farbenprächtigen Blüten leuchten von Juni bis Juli in Weiß, Gelb, Orange, Rosa oder Rot. Die pflegeleichte, winterharte Pflanze liebt einen sonnigen Kopf und einen schattigen Fuß, den ihr der Bambus spendet.

➤ Sehr anmutig sind die langlebigen Chinesischen Pfingstrosen (*Paeonia lactiflora*). Sie blühen von Mai bis Juni in Weiß, Rosa und Rot und zieren im Herbst mit prächtigem kupferrot gefärbtem Laub.

➤ Für halbschattige Situationen wählen Sie z. B. Funkien (*Hosta*) in Töpfen: Mit ihren großen, farbigen, herzförmigen Blättern gesellen sie sich wunderbar zu dem feinen Blattwerk des Bambus, der ihnen durch die Beschattung das notwendige Kleinklima bietet. ■

PRAXISINFO

Bambusse im Kübel

Hohe Bambusse:

- *Phyllostachys viridiglaucescens*
- *Phyll. nigra* 'Boryana'
- *Phyll. nigra* 'Henonis'
- *Phyll. vivax* 'Aureocaulis'

Mittelhohe Bambusse:

- *Fargesia murielae* 'Jumbo'
- *Phyll. aurea*
- *Phyll. aureosulcata* 'Aureocaulis'
- *Phyll. aureos.* 'Spectabilis'
- *Phyll. nigra* 'Punctata'
- *Pseudosasa japonica*

Kleinwüchsige Bambusse:

- *Fargesia murielae* 'Simba'
- *Hibanobambusa tranquillans* 'Shiroshima'
- *Sasa tessellata*
- *Semiarundinaria yashadake* 'Kimmei'

Mit Bambus den Garten gestalten

Seinen Charme kann das Riesengras als Einzelbusch, in der Gruppe oder mit anderen Pflanzen entfalten. Der ausdrucksstarke Bambus passt eigentlich überall hin, aber mit geschickter Gestaltung bringen Sie eine Atmosphäre in Ihren Garten, die ihresgleichen sucht. Und während der Wintermonate, wenn es im Garten etwas kahl aussieht, erfreut sein frisches Grün das Gärtnerherz!

Phyllostachys aurea versprüht seinen Charme auch in der Gruppe.

Bambus als Einzelbusch

Gut zur Geltung kommen Bambusse, wenn sie allein an einer sonnigen Stelle stehen – mit einem Handstreich bringen Sie etwas asiatisches Flair in Ihren Garten (→ auch Seite 24/25). Solitärpflanzen (z. B. ein mittelhoher *Phyllostachys aureosulcata* 'Spectabilis' oder der hochwachsende *Phyllostachys vivax* 'Aureocaulis') werden noch attraktiver, wenn Sie die unteren Seitenästchen entfernen – ihre Halme kommen dann besonders gut zur Geltung, je nach Sorte (→ ab Seite 40) grün, gelb, schwarz, grün-gelb gestreift oder gefleckt. In der Wintersonne verfärbt sich mancher Halm sogar rot.

Bambus in der Gruppe

Besonders malerisch ist es, wenn sich der Bambus zusammen mit seinesgleichen präsentieren darf.

➤ In einer Reihe angeordnet säumt eine niedrige bis mittelhohe **Bambushecke** (z. B. mit *Phyllostachys bissetii, Phyll. humilis*) Wege im Garten, trennt verschiedene Gartenräume voneinander (z. B. Terrasse vom Garten) oder eignet sich als Begrenzung zu Nachbars Garten. Bei den 5–7 m hohen Arten, die unten etwas lichter sind, empfiehlt es sich, mittelhohe dazwischenzupflanzen. Soll die Belaubung bis zum Boden reichen, nimmt man dafür besser die 2,5–3 m hohen, Horst bildenden Fargesien (*Fargesia murielae* 'Standing Stone' oder 'Jumbo'). Für eine schmale, 4–5 m hohe Hecke pflanzen Sie am besten *Semiarundinaria fastuosa.* So eine dichte Bambushecke schluckt übrigens auch Schallwellen und Staub – ein idealer Schutz gegen unruhige Grundstücke oder eine Straße.

➤ Wer viel Platz im Garten hat, kann auch einen kleinen **Bambushain** anlegen. Eine solche pulkartig zusammengepflanzte Bambusgruppe von mind. 50 m^2, bestehend aus einer oder mehreren Arten, sieht sehr imposant

Hier kommen beide Partner gut zur Geltung: blühende Stauden und der Bambus (Pleioblastus auricoma).

aus und wirkt mit ihren langsam wiegenden Halmen beeindruckend.

Im Orchester mit anderen Gartenpflanzen

Mit dem immergrünen Bambus kommt eine Gartengestaltung sehr schön zur Geltung, wenn sich die Partner im Lauf eines Jahres mit ihrem Auftritt abwechseln.

➤ Im Winter und Vorfrühling grüßen farbintensive Sträucher wie die Zaubernuss mit ihrem wochenlangen gelb-roten Flor.

➤ Phantastische Effekte erzielen Sie, wenn z. B. der großblumige Rhododendron 'Catawbiense Grandiflorum' im Vorsommer kräftig lila erstrahlt. Rhododendron und Azaleen werden im Fachhandel mittlerweile auch als kalktolerante Züchtungen, so genannte Inkarho®-Hybriden, angeboten.

➤ Im Herbst schließlich brennen z. B. asiatische Ahorne oder andere Gehölze (z. B. Azaleen) ihr orangerotes Feuerwerk neben dem grünen Bambus ab. ■

SPARTIPP

>> einfach und exotisch

Üppiges Grün im Garten

Wenn Sie sich schon lange von einer zu groß gewordenen Konifere trennen wollten, aber das »Loch« im Garten fürchteten, schlägt die Stunde des Bambus!
Ein kleiner Bambus ist deutlich günstiger als große Pflanzen. Aber er wächst verhältnismäßig schnell und füllt mit seinem üppigen Laub dekorativ die Lücke sofort. Mit einem Schlag bekommt Ihr Garten ein neues, exotisches Gesicht.

CHECKLISTE

Beim Pflanzen beachten

✔ Entsprechen die Bodenverhältnisse seinen Ansprüchen, oder muss ich etwas unternehmen (→ Seite 26)?

✔ Wie sind die Lichtverhältnisse (schattig oder genug Sonne), auch im Winter?

✔ Ist Winterschutz notwendig (→ Seite 34/35)?

✔ Hat der Bambus genügend Platz, auch wenn er größer geworden ist?

✔ Pflanze ich eine *Fargesia* oder ist eine Rhizomsperre erforderlich (→ Seiten 12/13 und 26/27)?

Bambus am Wasser

Obwohl er naturgemäß dort nicht hingehört, wird Bambus aus gestalterischer Tradition ans Wasser gepflanzt – zu schön ist das Bild!

Wer Wasser liebt und vielleicht auch noch große Steine hat, sollte sich die Gelegenheit, diese Gestaltungselemente mit Bambus zu verquicken, nicht entgehen lassen. In Japan hat das Dreiergespann eine lange Tradition. Es ist ein Trio für die Meditation: Der Stein steht für Kraft und Beständigkeit, Wasser symbolisiert Ruhe und zugleich Bewegung, der Bambus schließlich verbindet beides kraftvoll mit seiner Standhaftigkeit und federnden Elastizität.

Eine japanische Ecke

Ob Teich, Bach oder Brunnen, von japanischen Gärten können wir uns abschauen, wie wir Wasser und Bambus zur Harmonie bringen.

➤ Ein Bild der vollkommenen Ruhe ist ein Bambus, der sich mit seinen Halmen und Blättern kaskadenartig über eine Wasserfläche neigt und sich in der ruhenden Fläche spiegelt. Solche voluminösen Bambushorste bilden z. B. *Fargesia murielae* 'Standing Stone' oder *Pseudosasa japonica.*

➤ Hübsch sind auch Szenen, wenn Bambushalme einen Wasserlauf begleiten oder in kleinen Gruppen die Biegungen des Baches akzentuieren (z. B. mit *Shibataea kumasasa, Sasa veitchii*)

➤ Einen Brunnen zieren Bambuszweige, wenn sie sich z. B. über den sprudelnden Quellstein beugen.

Der Bambus integriert sich einfühlsam in die gelungene Bepflanzung rund um den Gartenteich.

Wasserspiele

In Japan ursprünglich als akustische Wildscheuche eingesetzt, weckt das »Shishi-Odoshi« heutzutage die Lebensgeister im Garten. Wenn Sie die Möglichkeit haben, in Ihrem Garten Wasser fließen

Das »Shishi-Odoshi«, ein japanischer Kippbrunnen, macht die japanische Ecke perfekt.

zu lassen, dann installieren Sie doch diesen hübschen Kippbrunnen. Besonders schön sieht er unter überhängenden Fargesienzweigen aus. Ein dicker Bambushalm, als Wippe gelagert, wird von einem zweiten mit Wasser gefüllt. Bei Übergewicht entleert er sich, die Wippe kippt zurück und schlägt mit leisem Knall auf einen Stein. Aber schon läuft wieder Wasser hinein und der leise Ton wiederholt sich rhythmisch. Ein Shishi-Odoshi können Sie im Versandhandel kaufen (→ Seite 61).

Gesellschaft für den Bambus

Soll der Bambus nicht allein am Wasser stehen, pflanzen Sie doch Sumpfzypressen ans Ufer dazu – im Gegensatz zu den Bambussen vertragen sie auch Staunässe. Das Wasser zieren Seerosen mit ihren üppigen Blüten. Als Ersatz für die zwar stilistisch passende, aber in unseren Breiten nicht winterharte Lotosblume kann die in Japan ebenfalls heimische Gelbe Teichrose (*Nuphar lutea*) dienen: Sie ist sehr schön anzusehen, robust und erfriert im Winter nicht.

Bitte keine nassen Füße

Trotz der bezaubernden Gestaltung darf aber nicht vergessen werden: Bambus ist keine Sumpfpflanze und reagiert empfindlich auf Staunässe. Deshalb muss das Wasser im Wurzelbereich abfließen können, sonst faulen sie und die Pflanze stirbt. Es muss also dafür gesorgt werden, dass sich in der Pflanzgrube kein Wasser ansammeln kann.

➤ Am einfachsten pflanzen Sie den Bambus etwas erhöht, dann fließt das Wasser immer gleich ab.

➤ Sicherheitshalber bauen Sie eine Drainage (→ Seite 26/27) ein, wenn der Bambus direkt am Wasser stehen soll.

➤ Die Rhizomsperre hält kein Wasser ab, denn sie ist ja unten offen. ■

PRAXISINFO

Teiche pflegen

Die schöne Kombination von Pflanzen und Wasser hat leider auch eine etwas arbeitsintensive Seite. Bambus erneuert ständig sein Laub, deshalb schwimmen immer wieder Blätter auf der Wasseroberfläche. Verbleiben sie im Teich, sammeln sich mit der Zeit zu viele Nährstoffe an. Die Folge: Das Wasser wird trüb und kippt im schlimmsten Fall um.

✗ Sehen Sie regelmäßig nach, ob sich viele Blätter angesammelt haben.

✗ Entfernen Sie das Laub mit einem Fischkäscher aus dem Wasser und kompostieren Sie es, wenn möglich.

Bambus modellieren

Auch mit einer anderen Figur kann der Bambus den Garten schmücken – wie wäre es mit einem Torbogen oder Hochstämmchen? Bambus, das wildromantische, buschig wachsende Riesengras, kann auch gezähmt werden. Wer statt schwingender Halme strengere Formen bevorzugt oder ihn lieber in einer gestalterischen Funktion sieht, ist mit Bambus auch gut beraten.

Hochstämmchen-Bambusse zieren den Garten auf besondere Weise.

Ein grünes Tor

Mit hoch wachsenden Bambussen können Sie wunderbar einen Torbogen gestalten und damit einen Gartenraum begrenzen. Damit die Sache nicht zu kostspielig wird, sollten Sie ein paar Jahre Vorlaufzeit einplanen, denn junge Pflanzen sind günstiger und wachsen in Ihrem Garten auch zu stattlichen Exemplaren heran.

➤ Pflanzen Sie also zwei junge, hohe Bambusarten auf gleicher Höhe links und rechts eines Weges (einpflanzen → Seite 26/27).

➤ Bambusse wachsen lassen: Je nachdem, wie breit der Weg ist und wie hoch der Torbogen sein soll – die Bambusse müssen eine gewisse Höhe erreicht haben. Einfach ausprobieren, wann es passt.

➤ Wenn die Pflanzen hoch genug sind, biegen Sie sie einfach zueinander und binden sie oben zusammen.

➤ Bald verzahnen sich die neuen Triebe und bilden einen Bogen.

➤ Eine schöne Form erhalten Sie, wenn ein Bogen aus gespaltenen Bambusrohren als Hilfskonstruktion angebracht wird, an der die Bambushalme befestigt werden.

Bambus als Hochstämmchen

Mit Hochstämmen in Kübeln können Bambusse als »mobiles Grün« z. B. Wege begleiten, die Haustür flankieren oder Fassaden akzentuieren.

➤ Suchen Sie sich bei Ihrer Pflanze (z. B. von *Phyllostachys nigra* 'Henonis') einen kräftigen, ausgewachsenen Halm aus.

➤ Die anderen Halme werden unten herausgeschnitten.

➤ Kappen Sie die Spitze des bleibenden Halmes auf der gewünschten Höhe – aber nur um maximal ein Drittel, denn weiter unten am Halm treibt er nur sehr spärlich oder gar nicht aus.

➤ Die unteren Seitenäste werden komplett entfernt. So erhalten Sie einen unbelaubten Halm, der im oberen Viertel noch intakte Seitentriebe aufweist. Diese kürzen Sie etwas ein – dort

Solche perfekt in Form geschnittenen Bambusse sind eine Rarität.

wird sich die Belaubung verdichten.

➤ Damit Ihnen das Hochstämmchen lange erhalten bleibt, sollten Sie den Kübel im Winter frostfrei aufstellen. Sonst kann es leicht passieren, dass der ausgewählte Halm erfriert.

Bambusse in Formen schneiden

Wenn Sie gute Erfahrung mit dem Schneiden eines Hochstämmchens gemacht haben, können Sie ja weiterexperimentieren. Durch einen Formschnitt lässt sich das Erscheinungsbild, sogar der Charakter des Bambus verändern. Verwenden Sie hierfür auch eine Kübelpflanze, die im Winter frostfrei steht – es wäre schade, wenn Ihr Kunstwerk erfrieren würde.

➤ Suchen Sie sich ein bis drei Halme aus, die die »Substanz« bilden; alle anderen Halme, aus denen keine Form entsteht, schneiden Sie an der Basis ab.

➤ Die stehen gebliebenen Halme kappen Sie oben, je nach gewünschter Höhe. So wachsen sie nicht weiter.

➤ Die Seitenäste schneiden Sie nun in die gewünschte Form, z. B. eine Kugel.

➤ Die Lebensdauer eines Halmes beträgt nur etwa fünf Jahre. Deshalb muss man im Lauf dieser Zeit immer wieder neue Halme auswählen, zurechtschneiden und der Form anpassen. Die alten Halme werden auf diese Weise nach und nach ersetzt und die Form bleibt erhalten (→ unteres Foto auf Seite 37).

Bambus als Bonsai

Eine niedrige Bambusart (z. B. *Pleioblastus*) kann in einer flachen Schale mit einer Seitenrandhöhe von 10–15 cm als Miniatur hübsch aussehen. Dafür werden Rhizom und die Wurzeln beschnitten, Halmscheidenblättchen abgezupft, Triebspitzen und Seitenverzweigung eingekürzt, bis sich dem Betrachter ein Mini-Bambushain darstellt. Wenig Substrat und vorsichtiges Gießen verlangsamen das Wachstum. Das Bonsai-Formen erfordert viel Geduld, Fingerspitzengefühl und Experimentierfreude. Weiterführende Tipps dazu finden Sie in der Bambus-Fachliteratur (→ Seite 61). ■

PRAXISINFO

Bambusse modellieren

Dazu benötigen Sie:

- ✗ einen geeigneten Bambus mit schönen Halmen, z. B.: *Phyll. aureosulcata 'Spectabilis', Phyll. bambusoides 'Castillonii', Phyll. nigra 'Boryana', Phyll. nigra 'Punctata', Phyllostachys vivax 'Aureocaulis'*
- ✗ saubere, scharfe Gartenschere
- ✗ grün ummantelter Draht (Gärtner-/Blumendraht)
- ✗ ein passendes, schönes Gefäß
- ✗ einen markanten Platz für das Prachtexemplar

>> Deko-Spezial

Garten im Asia-Stil

Schon einzelne Elemente aus einem Tempel- oder Teegarten können Ihrem Garten ein neues Gesicht geben.
Um Ihrem Garten fernöstliches Flair zu verleihen, brauchen Sie nicht die gesamte strenge Formensprache eines japanischen Zen-Gartens. Grundprinzip ist eine ausgewogene Gestaltung mit den Elementen Wasser, Stein, Sand und Pflanze, die eine idealisierte Natur darstellen. Bauen Sie nur einzelne Elemente behutsam in Ihre Gartengestaltung ein, wirken sie als Blickfänge, und Ruhe kehrt ins Gartenbild.
Elemente aus dem japanischen Garten wirken durch ihre schlichte Eleganz. Eine Wasserfläche an der Terrasse wirkt beruhigend, eine Kiesfläche symbolisiert das Wasser und erreicht dieselbe Wirkung. Steine oder halbkugelig geformte Buchspflanzen stellen Inseln oder Berge in der Wasserfläche dar. Dazu pflanzen Sie beispielsweise eine Azalee oder eine Kobushi-Magnolie (*Magnolia kobus*). Schließlich können Steingefäße und japanische Steinlampen als exotische Blickfänge oder ein Wasserspiel wie das Shishi-Odoshi (→ Seite 20/21) den meditativen Charakter verstärken.
In solche Gärten bringt der Bambus noch zusätzliche asiatische Stimmung. Seine filigrane Gestalt, die Bewegung im Wind erinnern an östliche Tugenden: sich beugen und doch unbeugsam bleiben, nachgeben anstatt zu brechen, sich wieder aufrichten, wenn der Sturm vorüber ist.

Entspannung pur: Kieselsteine, Bambus und Pflanzen in verschiedenen Grün-Tönen machen einen Sitzplatz zu einer Oase der Ruhe.

Ein asiatischer Herbst-Traum: Die gelb gefärbten Blätter des Kuchenbaums (*Cercidiphyllum japonicum*) leuchten vor dem grünen Bambus besonders intensiv. Große Steine runden das harmonische Bild eines Japan-Gartens ab.

Fernöstliche Harmonie: Die überhängenden Halme des Bambus spiegeln sich in der mit Kieselsteinen eingefassten Wasserfläche.

Bambus richtig einpflanzen

Bei optimalen Bodenverhältnissen ist der Bambus pflegeleicht und gesund. Der beste Standort im Garten ist ein windgeschützter, sonniger bis halbschattiger Platz mit einem nährstoffreichen, wasserdurchlässigen Boden (→ Seite 14).

Der Storchschnabel ziert den Boden zu Füßen des Bambus.

Den Boden verbessern

Abhilfe für nicht optimalen Gartenboden ist einfach:

➤ Bei nassen Verhältnissen und zu schweren Böden leiden Rhizome und Wurzeln unter Sauerstoffmangel. Reichern Sie den Boden mit Sand oder gebrochener Lava an.

➤ Bei staunassen Standorten bauen Sie eine Drainage ein, sonst faulen Rhizom und Wurzeln. Lockern Sie die Sohle im Pflanzloch und bringen eine gut handbreit dicke Kiesschicht ein. Ist ein Teich in unmittelbarer Nähe, schütten Sie einfach einen Hügel auf, damit der Bambus höher steht.

➤ Trockenen und sandigen Böden mischen Sie Kompost, lehmige Gartenerde oder ungebranntes Tongranulat unter, damit der Boden mehr Wasserhaltekraft bekommt.

Unbedingt erforderlich: die Rhizomsperre

Die meisten Bambusse, die bei uns wachsen, sind Ausläufer treibende Arten (→ Seite 12/13) und überwuchern Ihren ganzen Garten, wenn man die unterirdischen Triebe (Rhizome) nicht an ihrem Platz hält. Dafür gibt es 2 mm dicke, feste PE-Folie, die Sie im Fachhandel als Rhizomsperre bekommen. Sie hindert Rhizome am Weiterwachsen. Bei *Fargesia*-Bambusarten benötigen Sie keine Barriere.

Wichtig ist der sorgfältige Einbau, damit die Rhizome kein Schlupfloch finden. Das Pflanzloch wird rund herum mit der Folie ausgekleidet, die losen Enden mit einer Spezialschiene verschraubt.

➤ Bei einzelnen Pflanzen kleiden Sie das Loch aus.

➤ Pflanzen Sie mehrere Bambusse zusammen, wird

TIPP

>> einfach und exotisch

Bambus zähmen

➤ Es muss deutlich gesagt werden: Bambusse können schnell üppig werden und an Stellen wachsen, wo sie unerwünscht sind.

➤ Vorbeugen (Rhizomsperre!) ist besser als Nachsorgen! Ist es erst mal so weit, hilft nur noch komplett ausgraben! Chemische Mittel nützen leider gar nichts.

1 **Rhizomsperre**

Eine Folie hält die Ausläufer bildenden Bambusse in Schach: die Pflanzgrube sorgfältig auskleiden.

2 **Drainage**

Wenn der Boden staunass ist, sollte eine Drainage eingebaut werden, z. B. mit einer Kieselschicht.

3 **Einpflanzen**

Die Oberfläche des Ballens soll mit dem Gartenboden bündig abschließen.

die gesamte Fläche mit Folie umgeben. Wenn Sie innerhalb einer Rhizomsperre mehrere Sorten pflanzen, vermischen sich die Pflanzen (→ Seite 18/19).

➤ Achtung: Trotz eingebauter Rhizomsperre kann der Bambus hier und da unterirdisch »ausbüchsen«. Kontrollieren Sie die Sperren im 4-Wochen-Rhythmus an der Oberfläche, und graben Sie Ausreißer gleich aus.

Richtig einpflanzen

Bambuspflanzen werden in Containern angeboten. Am besten entwickeln sie sich, wenn sie zwischen April und Juni eingepflanzt werden.

➤ Graben Sie ein Loch, das 3- bis 4-mal so groß wie der Ballen und 65 cm tief ist.

➤ Bei Bedarf den Boden verbessern.

➤ Nach dem Einbau der Rhizomsperre wird das Pflanzloch mit der Erde verfüllt.

➤ Setzen Sie den Bambus ohne Gefäß in die Pflanzgrube, füllen Sie die Seitenränder auf und gießen den Bambus an.

➤ Verankerung: Stoßen Sie dazu zwei fingerstarke, 1 m lange Eisenstäbe senkrecht durch den Ballen in den Boden und binden Sie die Halme mit Kokosstrick locker zusammen.

➤ Pflanzabstände: Bei Boden deckenden Bambussen braucht man je nach Containergröße 5–8 Pflanzen pro m^2 Fläche. Bei höheren Bambussen (z. B. für eine Hecke) benötigt man 1–2 Pflanzen pro laufendem Meter. Bei Pflanzen, die mit mehr Halmen in größeren Kübeln (ab 40 l) sitzen, genügt ein Topf pro laufendem Meter. ■

PRAXISINFO

Richtig einpflanzen

🕓 **Zeitbedarf:** 30 Min. pro Pflanze

Material:

✗ ggf. Rhizomsperre (PE-Folie)

✗ ggf. Drainagematerial Kies

✗ Dünger, Kompost

Werkzeug:

✗ Spaten

✗ Schaufel

✗ Gießkanne

✗ ggf. Schraubenschlüssel zum Verschrauben der Rhizomsperrenschiene

Umpflanzen und vermehren

Bambus ist sehr regenerationsfähig – beim Umpflanzen machen Sie sich das zu Nutze und auch die Vermehrung gelingt ganz leicht. Ein Ortswechsel macht dem Bambus nur wenig aus – umgepflanzt oder geteilt begrünt er schnell neue Plätze.

Ein neuer Platz

Ist der vorgesehene Standort Ihres Bambus im Garten doch nicht so geeignet? Umziehen ist recht unkompliziert, erfordert wegen der starken Rhizome allerdings etwas Kraft.

Ausläufer bildende Bambusse werden durch Rhizomteilung vermehrt.

➤ Der beste Zeitpunkt zum Ausgraben ist im März, kurz vor dem neuen Austrieb, oder im September nach dem Ausreifen der Halme.

➤ Binden Sie die Pflanze in der Mitte zusammen, damit Sie gut arbeiten können.

➤ Für das Abstechen und Ausgraben des Ballens brauchen Sie einen stabilen und scharfen Spaten. Lösen Sie den Ballen zwei Spatenstiche tief ringsherum aus der Erde, dabei trennen Sie Rhizome und Wurzeln einfach mit dem Spaten durch. Wenn Sie die Möglichkeit haben, machen Sie diesen Arbeitsschritt ein halbes Jahr vor dem eigentlichen Umpflanzen – das verträgt die Pflanze besser. Sie bildet in der Zwischenzeit feine Faserwurzeln aus, die ihr das Anwachsen am neuen Ort durch gesteigerte Wasseraufnahmefähigkeit erleichtern.

➤ Nehmen Sie den Ballen heraus und schlagen ihn in ein schon bereitgelegtes Ballierleinen (aus der Gärtnerei). Die vier Ecken werden über Kreuz verknotet, so wird verhindert, dass beim Transport Erde abbröckelt. Den Jutestoff setzen Sie später einfach mit ein, er verrottet im Lauf der Zeit.

➤ Am neuen Standort werden der Boden und das Pflanzloch gut vorbereitet, das Einpflanzen erfolgt wie auf Seite 26/27 beschrieben.

➤ Nach der Pflanzung muss ordentlich gewässert werden. Sie tun der Pflanze einen Gefallen, wenn Sie ein Drittel der Halme bodeneben herausschneiden bzw. alle Halme um ein Drittel einkürzen. So wird die Verdunstungsfläche reduziert und Wurzel- und Blattmasse stehen in einem ausgewogenen Verhältnis zueinander.

Bambus vermehren

Aus einer Bambuspflanze können Sie ganz unkompliziert weitere Pflanzen bekommen – am einfachsten funktionieren die Teilung und die Rhizomvermehrung.

Um Bambus-Horste zu teilen, ist ganzer Körpereinsatz nötig!

➤ Das **Teilen** eines Bambus funktioniert im Grunde genauso wie das Umziehen (s. o.): Sie stechen statt der ganzen Pflanze eben nur einen Teil aus. Wie viele Halme Sie zusammenbinden und wie viel des Wurzelballens Sie herausstechen entscheidet, wie groß das neue Exemplar wird. Je größer der Ballen, desto besser geht es der Pflanze am neuen Platz. Geteilt werden am besten *Fargesia*-Arten.

➤ Die **Rhizomvermehrung** funktioniert ausschließlich bei den Ausläufer bildenden Bambussen (z. B. *Phyllostachys, Pleioblastus* oder *Sasa*). Sie können ohne großen Aufwand viele neue Pflanzen gewinnen, um beispielsweise eine weitere Fläche zu begrünen. Gleichzeitig wird eine zu große Mutterpflanze dadurch verkleinert. Ende Februar gräbt man neben der Pflanze ein Stück Rhizom frei und schneidet rund 20 cm lange Stücke mit etwa drei Augenpaaren heraus (ohne die Folie zu beschädigen!). Pflanzen Sie sie zu zweit oder zu dritt möglichst sofort in ein Torf-Sand-Gemisch (Topf oder Pflanzloch mit Rhizomsperre). Bald bilden sich Wurzeln und später die oberirdischen Triebe. Der Erfolg hängt vom Alter des Rhizoms ab. Je näher an der Pflanze, desto älter ist es: Die Spitze ist der jüngste, diesjährige Teil, der daran anschließende, etwas dunklere Abschnitt ist der vom Vorjahr usw. Der Vorjährige eignet sich am besten.

➤ Tropische Arten können auch mit **Halmabschnitten** vermehrt werden. Man nimmt einfach ein Stück Halm und pflanzt ihn senkrecht ein. An den Knoten bilden sich Wurzeln (wenn sie sich im Erdreich befinden) oder Blätter (oberirisch).

Aus Samen heranziehen

Theoretisch besteht natürlich die Möglichkeit, Bambussamen auszusäen und Jungpflanzen zu ziehen. Die Praxis gestaltet sich jedoch recht schwierig. Der Grund ist einfach: Samen sind kaum erhältlich, denn der Bambus blüht ja so selten (→ Seite 8/9) und die Keimfähigkeit der Samen ist auf wenige Wochen begrenzt. Darüber hinaus ist die Aufzucht recht knifflig. Tatsächlich haben sich nur wenige Fachgärtnereien darauf spezialisiert und sind darin erfolgreich. ■

PRAXISINFO

Welchen Bambus wie vermehren?

- **Teilen**
  alle *Fargesia*-Arten, auch *Phyllostachys*-Arten
- **Rhizomvermehrung**
  alle ausläuferbildenden Bambusse, z. B. *Phyllostachys, Pleioblastus, Pseudosasa, Sasa*
- **Aus Samen anziehen**
  tropische Bambusse, denn sie blühen öfter, z. B. *Bambusa* 'Oldhami', *Chusquea*-Arten

Bambus richtig eintopfen

Bambusse sind auch in Kübeln recht pflegeleicht. Das A & O für sie ist eine ausreichende Topfgröße. Jeder Bambus im Kübel braucht eine gute Wasser- und Nährstoffversorgung und muss wegen seiner enormen Wuchsleistung irgendwann umgetopft werden.

Bambus als Kübelpflanze ist ein mobiles Gestaltungselement.

Pflanzgefäße werden in verschiedenen Formen, Materialien und Größen angeboten.

➤ Gönnen Sie Ihrem Bambus einen möglichst großen Kübel (mind. 60 Liter), damit sich Rhizom und Wurzeln gut entwickeln können und die Standfestigkeit gewährleistet ist. Je größer der Topf, desto besser ist der Feuchtigkeitshaushalt in der Erde – Bambusse lieben gleichmäßig feuchte Erde.

➤ Wichtig sind Löcher im Boden des Topfes, denn das Gießwasser darf sich nicht stauen.

➤ Gefäße, die sich nach oben verjüngen, eignen sich für Bambus nicht, denn sie müssten zerschlagen werden, um das Wurzelgeflecht herauszubekommen, wenn Sie umtopfen möchten.

➤ Für Bambusse, die im Winter draußen bleiben (→ Seite 34/35), brauchen Sie frostbeständige Töpfe – die gibt es sowohl aus Terrakotta als auch aus Kunststoff.

Wie wird eingetopft?

In guten Gartencentern ist speziell gemischtes Bambussubstrat erhältlich, aber normale Kübelpflanzenerde reicht auch aus. Das Einpflanzen funktioniert so:

➤ Bedecken Sie den Topfboden mit 3 cm gebrochenem Blähschiefer oder Kies.

➤ Ein wasserdurchlässiges Vlies verhindert, dass Erde die Drainageschicht verstopft.

➤ Etwas Substrat einfüllen.

➤ Entfernen Sie den Container, pflanzen den Bambus ein und füllen mit Substrat auf.

➤ Gießen Sie die Pflanze an.

Bambus düngen

Bambusse in Kübeln brauchen regelmäßige Nährstoff-

SPARTIPP

>> einfach und exotisch

Exotisches Geschenk

➤ Ein Bambus aus eigener Kultur macht als Geschenk oder Mitbringsel sicher großen Eindruck.

➤ Sie können den Wurzelballen Ihres zu groß gewordenen Bambus einfach teilen und beide wieder einpflanzen – dann haben Sie zwei vollwertige Pflanzen.

1 Vorbereiten

Zunächst wird der Pflanzkübel mit einer rund 3 cm hohen Dränageschicht und Vlies vorbereitet. Darauf füllen Sie einige cm Substrat.

2 Eintopfen

Die Ballenoberfläche sollte etwa 5 cm unterhalb des Topfrandes stehen (Gießrand). Je nachdem also Substrat hinzugeben oder entfernen.

3 Wässern

Nachdem der Ballen eingesetzt ist, füllen Sie die Ränder mit Substrat auf und drücken die Erde an. Anschließend gut angießen.

gaben. Geeignet sind stickstoffhaltige Dünger mit geringem Phosphorgehalt. Spezialdünger – z. B. »Eberts Bambusdünger« – ist mittlerweile auch in guten Fachgeschäften erhältlich. Kompost verwenden Sie nur sparsam, denn er hat oft einen zu hohen pH-Wert für Bambuspflanzen.
Reichern Sie die Erde am besten schon beim Einpflanzen mit Vorratsdünger an, ab dem nächsten Jahr düngen Sie am besten 2-mal pro Jahr (April, August) (→ Seite 34/35).

Ein neuer Topf

Wenn es dem Bambus in seinem Topf zu eng wird, braucht er einen größeren – spätestens dann, wenn das Rhizom an der Substratoberfläche sichtbar wird. Bester Zeitpunkt zum Umtopfen ist im März/April vor dem Austrieb oder im Spätsommer, wenn die Halme bereits ausgereift sind. Im Lauf der Jahre und mit jedem größeren Topf wird Ihr Bambus immer stattlicher. Soll die Pflanze aber nicht größer werden, verkleinern Sie einfach den Wurzelballen. Dazu schneiden Sie rundum etwa 4–5 cm vom Rand ab oder teilen ihn (→ Spartipp), auch die unteren 4 cm vom Boden (Wurzelfilz) werden gekappt. Beim Einpflanzen in den neuen Topf schneiden Sie alte, abgestorbene Halme heraus. ■

PRAXISINFO

Bambus umtopfen

Zeitbedarf:
1 Std. pro Pflanze

Material:
- ✗ größeres oder gleich großes neues Gefäß, ggf. Übertopf
- ✗ Kies oder Blähschiefer
- ✗ Trennvlies
- ✗ Substrat
- ✗ Dünger

Werkzeug:
- ✗ scharfer Spaten oder Fuchsschwanzsäge (zum Durchtrennen des Ballens)
- ✗ kleine Schaufel
- ✗ Gartenschere (zum Auslichten)

>> Party-Spezial

Ein Fest im Zeichen des Bambus

Accessoires aus Bambus und leckere Köstlichkeiten machen einen asiatischen Abend perfekt.

Es gibt viele Möglichkeiten, sich und Ihre Freunde in asiatische Atmosphäre zu entführen. Veranstalten Sie doch einmal ein Fest mit dem Motto »Asien«. Nützliche Dinge und fernöstliche Dekoration sind sehr modern und überall erhältlich.

Ganz authentisch sitzt die Abendgesellschaft auf Bambusmöbeln. Ob Sie es eher rustikaler oder eleganter bevorzugen, verschiedenste Macharten und Stile werden im Fachhandel angeboten (Adressen → Seite 61).

Schöne Stimmung machen Fackeln aus Bambus, die Sie auf Terrasse und Garten aufstellen. Der Tisch wird mit Bambus-Accessoires dekoriert. Ginkgoäste, japanische Herbstanemonen, Asiatische Lilien aus dem Garten oder Orchideen stehen in Bambusvasen. Vielleicht experimentieren Sie mit einem Blumengesteck im japanischen Ikebana-Stil.

Die Krönung des Abends ist ein asiatisches Essen. Mit Bambussprossen lassen sich köstliche und gesunde Gerichte zaubern. Ein Blick in ein asiatisches Kochbuch genügt, um sich von Variationen mit Bambussprossen inspirieren zu lassen. Schmücken Sie die Tafel mit Tischdecken oder Platzdeckchen aus Bambus, wer's kann, isst mit Stäbchen. Nach dem Essen kann die Bambusflöte gespielt oder Bambuslibellen – kleine Propeller – in den Himmel geschickt werden.

Asia-Geschirr macht das fernöstliche Gericht zu einem Augenschmaus. Typische Accessoires sind Schüsselchen, Schalen und Ess-Stäbchen.

Alles Bambus: Umringt von grünem Blattwerk schmeckt das Asia-Menü noch besser. Die bequemen Bambusmöbel ergänzen die perfekte Szenerie.

Bambushalme eignen sich auch hervorragend als Blumentöpfe. Sie runden das asiatische Ambiente ab und sind ein originelles Give-away für Ihre Gäste.

Gießen, düngen, überwintern

Bambusse sind sehr genügsam – die Wasser- und Nährstoffversorgung ist unkompliziert, ebenso die Überwinterung.

Richtig gießen

Der Bambus kommt ursprünglich aus Regionen mit vielen Niederschlägen – entsprechend hoch ist sein Wasserbedarf. Sorgen Sie also für ausreichend feuchten Boden, aber ohne Staunässe.

Der spezielle »Eberts Bambusdünger« hat alles, was das Riesengras braucht.

➤ Machen Sie die Fingerprobe – d. h, wenn die oberste Erdschicht trocken ist, sollten Sie wässern. Unter Umständen bedeutet das, dass Sie täglich gießen müssen.

➤ Eingerollte Blätter verringern die Verdunstungsoberfläche der Pflanze und bedeuten: »Ich brauche Wasser.« Das kann bei hohen Temperaturen oder bei Kälte sein. Dann heißt es: bald gießen.

Einfach düngen

Düngen Sie die Pflanze regelmäßig, bleibt sie gesund – das gilt besonders für Bambusse im Kübel. Versorgen Sie die Pflanzen im April und August mit dem »Eberts Bambusdünger« oder einem stickstoffbetonten Volldünger. Das kann Flüssigdünger, Granulat oder mit Hornmehl versetzter Kompost sein. Verwenden Sie die auf der Packung empfohlenen Mengen, bei Kompost tragen Sie eine knapp 5 cm dicke Schicht auf.

Über die Winterzeit

Mit frostigen Temperaturen unter dem Gefrierpunkt kommen die meisten Bambusarten gut zurecht – sie sind ja in ihren Heimatgefilden daran gewöhnt. Grundsätzlich brauchen Sie nicht viel zu unternehmen, um Ihre Bambuspflanze vor kalten Temperaturen zu schützen.

➤ Wenn Sie eine Sorte gewählt haben, die den örtlichen Klimabedingungen entspricht, braucht es allenfalls im ersten Jahr nach der Pflanzung einen Schutz des Wurzelbereichs. Stellen Sie dazu feinmaschigen Hasendraht rund um den Fuß der Pflanze auf und füllen etwa 30 cm Laub ein (→ Foto). Beides sollte im Frühjahr (etwa im März/April) entfernt werden. An frostfreien Tagen Gießen nicht vergessen (s. u.)!

➤ Bambusfreunde, die in sehr kalten und schneereichen Gebieten zu Hause sind, können zusätzlich die Halme locker zusammenbinden oder mit Schilfrohrmatten bzw. Nadelholzzweigen bedecken, die schräg an den Bambus gestellt und mit einer Schnur locker zusammengebunden werden.

Hasendraht und Laub schützen den Bambus im Winter.

Gießen im Winter

Der immergrüne Bambus verdunstet auch im Winter Wasser, benötigt also Nachschub aus dem Boden.

➤ Deshalb muss an frostfreien Tagen kräftig gegossen werden, vor allem die Kübelbambusse.

➤ Wenn aber der Boden über längere Zeit gefroren ist, könnte der Bambus vertrocknen (Frosttrocknis). Was Sie vorbeugend tun können, ist, die Pflanze mit Wintervlies (Fachhandel) einzupacken. So wird die Verdunstung reduziert. Das ist besonders bei rauem Ostwind und in kalten Nächten ratsam. Verankern Sie dazu drei oder vier starke Bambushalme oder dünne Holzpfähle schräg im Boden, binden sie oben zusammen und umwickeln das Ganze mit einem Vlies.

Wenn der Bambus Schaden nimmt

Kälte allein kann dem Bambus eigentlich nichts anhaben. Sehr niedrige Temperaturen, trockener Ostwind oder mechanische Belastungen können jedoch zum Problem werden.

➤ Schnee ist recht schwer und drückt die Pflanze zu Boden. Schütteln Sie sie frei, damit die Halme nicht brechen.

➤ Wenn Regen gefriert und Blätter und Halme in einen Eispanzer hüllt, kann man zunächst nichts anderes machen, als sich an dem bizarrschönen Anblick zu erfreuen. Im Frühling wird ein Erholungsschnitt angebracht sein (→ Seite 36/37).

➤ Nach einer besonders kalten Periode kann Bambus auch einmal Laub- und Halmschäden davontragen, wenn er nicht in Vlies eingewickelt war. Die toten Blätter stößt der Bambus im Frühjahr ab und bildet neue. Frostgeschädigte Bambushalme mit ihren unregelmäßigen, dunkelbraunen oder schwarzen Flecken schneiden Sie im Frühjahr einfach heraus (→ Seite 36/37).

➤ Selbst wenn nach tagelangem austrocknendem Ostwind und sehr tiefen Minusgraden alle Blätter und Halme abgestorben sind, kann sich die Pflanze erholen! Solange das Rhizom nicht komplett erfroren ist (Wurzelschutz mit Hasendraht s. o.), wird der Bambus im Frühjahr wieder austreiben. ■

CHECKLISTE

Kübelbambus überwintern

- ✔ Wenn Kübelpflanzen frei stehen und dem Frost über mehrere Tage ausgeliefert sind, können die Rhizome dauerhaft Schaden davontragen oder gar erfrieren. Erstes Zeichen sind trockene Blätter.
- ✔ Wenn die Gefäße bewegt werden können, stellen Sie sie an eine geschützte Stelle.
- ✔ Packen Sie den Kübel mit Luftpolsterfolie, Kokosmatten, Styropor o. Ä. ein.
- ✔ Binden Sie die Halme locker zusammen und umwickeln Sie sie mit Vlies.

Der richtige Schnitt

Bambus schneidet man für ästhetische und vitalisierende Zwecke. Es geht schnell und ist kinderleicht! Das Riesengras hat ein anderes Wuchsverhalten, als Sie es bei Stauden oder Gehölzen kennen. Wo ein Halm einmal abgeschnitten wurde, wächst er nicht weiter und verzweigt sich auch nicht. Lediglich die Belaubung verdichtet sich und die Pflanze wird angeregt, neue Halme aus dem Rhizom auszutreiben.

> *Regelmäßig geschnitten bildet* Pleioblastus fortunei *einen dichten Teppich.*

➤ **Einkürzen** sollten Sie Ihren Bambus, wenn Sie ihn verkleinern oder auf einer bestimmten Höhe halten möchten, z. B. eine Hecke oder Sichtschutzpflanze.

➤ Bodendeckerbambusse werden buschiger, wenn sie regelmäßig geschnitten werden (**Rückschnitt**).

➤ Unschöne und trockene Halme werden aus ästhetischen Gesichtspunkten herausgeschnitten (**Auslichten** und **Erholungsschnitt**).

➤ **Geformte** Bambusse behalten ihre Form nur, wenn immer wieder neue Halme angepasst werden (→ Foto 3 und Seite 22/23).

Rückschnitt

➤ Alle **Bodendeckerbambusse** werden zumindest ein Mal im Jahr zurückgeschnitten, v. a. nach dem Winter, wenn sie struppig aussehen. Die strohigen Blätter würden den Austrieb der neuen Halme behindern. Mit einer Heckenschere ist diese Arbeit schnell erledigt. Je nach Größe und Alter der Pflanzen schneiden Sie etwa 5–10 cm über der Erde ab. Ein solcher Rückschnitt bekommt den Pflanzen gut, auch wenn er im Moment sehr radikal aussieht! Der neue Austrieb zeigt sich bereits wenige Wochen später in sattem Grün.

➤ **Niedrige Bambusse** schneidet man ebenfalls kräftig zurück, aber nicht so radikal wie die Bodendecker. Schneiden Sie bis auf die Höhe, auf der noch strohige Blätter und Seitentriebe sind. Am verbleibenden Teil der

TIPP

>> einfach und exotisch

Bambushalme

Besonders schöne und geradschäftige Halme können Sie im Garten optimal verwenden:

- ➤ einfache Aufbindstange für Stauden und Gemüse
- ➤ zusammengesetzt als Rankgerüst für Kletterpflanzen
- ➤ zusammengeflochten als Matte für den Sichtschutz

1 **Rückschnitt**

Bambusse werden nach dem Winter einfach gestutzt. Bald kommt der neue Austrieb.

2 **Auslichten**

Im März werden vertrocknete Blätter und Halme entfernt, damit neue Triebe Licht und Platz haben.

3 **Formschnitt**

Bei modellierten Bambussen werden regelmäßig Halme der Form angepasst.

Seitentriebe wird das Laub dichter und aus den Rhizomen schießen neue Halme.

➤ **Bambushecken** werden im Frühling vor dem Austrieb oder im Sommer nach abgeschlossenem Neutrieb auf die ursprüngliche Form und Höhe zurückgeschnitten.

Schön und gesund durch Auslichten

Bei mittelhohen und hohen Bambussen sollten Sie regelmäßig im März, also vor dem Neuaustrieb, alte, trockene und gebrochene Halme mit der Gartenschere oder Säge (je nach Halmdicke) bodennah abschneiden. Dann wirkt die Pflanze wieder frisch und der Bestand wird luftiger. Durch den Auslichtungsschnitt wachsen neue, kräftigere Halme nach und Schädlinge meiden die Pflanzen.

Erholungsschnitt

Mittelhohe und hohe Bambusse können nach dem Winter oder nach einem Sturm mitgenommen aussehen. Beschädigte Pflanzenteile werden einzeln herausgeschnitten. Dann sieht die Pflanze wieder satt grün aus und hat Kraft für den frischen Neuaustrieb.

Nützliches Schnittgut

Legen Sie die klein geschnittenen Halme und Blätter als Mulchschicht einfach unter die Pflanze, dann gelangen Nährstoffe und Mineralien durch das langsame Verrotten wieder zur Bambuspflanze. Wenn Sie häckseln möchten, dann kompostieren Sie das harte und langfaserige Bambusmaterial vorher besser. Ganze Halme können Sie aber auch gut anderweitig einsetzen (s. Tippkasten). ■

PRAXISINFO

Bambus schneiden

Zeitbedarf:
Rückschnitt: 5 Min.
(pro m^2 bei Bodendeckern bzw. pro lfd. Meter bei Hecken)
Auslichten: 30 Min/m^2
Erholungsschnitt:
15 Min/m^2

Material:
- ✗ Bambuspflanzen

Werkzeug:
- ✗ Gartenschere
- ✗ Heckenschere
- ✗ Ggf. elektrische Heckenschere

Schädlinge und Krankheiten

Bambus strotzt nur so vor Gesundheit! Schädlinge und Krankheiten kommen bei ihm fast nicht vor.
Steht der Bambus im Freien und an einem standortgerechten Platz, werden Sie gar keinen oder nur wenig Schädlingsbefall feststellen. Nur wenn die Halme so dicht stehen, dass ein dichter Busch entstanden ist und kein Lüftchen durchdringen kann, fühlen sich Blattläuse & Co. dort wohl. Von Krankheiten durch Pilze oder Viren wird der Bambus sogar praktisch überhaupt nicht befallen!

Blattläuse

Selten werden Bambusse im Frühsommer von den Blattsaftsaugern heimgesucht. Dafür ist meistens mangelnde Luftbewegung im Horst die Ursache. Maßnahmen:

Das kommt selten vor: Pflanzensaft saugende Blattläuse machen sich über den Bambus her.

- Lichten Sie die Pflanze etwas aus (→ Seite 36/37).
- Wenn das nichts hilft oder Sie auf Nummer Sicher gehen möchten, genügt es zunächst, die Pflanzen mit einer Lösung aus Schmierseife und Spiritus (→ Praxisinfo) einzusprühen und danach mit einem scharfen Wasserstrahl wieder abzubrausen.
- Bei hartnäckigen Fällen und wenn die Schmierseife-Spiritus-Lösung keinen Erfolg zeigt, nehmen Sie die im Handel angebotenen Mittel auf Pyrethrum-Basis oder solche, die aus dem Neem-Strauch gewonnen werden.
- Hat sich klebriger, dunkler Belag auf den Blättern gebildet, handelt es sich um die Ausscheidungen der Blattläuse, auf dem sich wiederum Pilzsporen ansiedeln. Hier hilft eine kräftige Dusche.

Spinnmilben und Thripse

In sehr dichten Beständen, wo die Luft kaum zirkuliert, kann es zum Befall von Bambus-Spinnmilben kommen. Kleine, aneinander gereihte

Auf Bambussen finden Sie – wenn überhaupt – alle Stadien von Blattläusen, auch die geflügelten.

weiß-gelbliche Punkte auf dem Blatt sind ein Hinweis auf diese Tiere, es sind die Einstichstellen. Die Milben selbst sitzen auf der Blattunterseite in kleinen Gespinsten. In seltenen Fällen rollen sich bei der Bambusart *Semiarundinaria fastuosa* die oberen Blättchen bogenförmig ein. Hier haben sich wahrscheinlich Thripse angesiedelt.

➤ Lichten Sie Ihren Bambushain aus, damit Luft an Halmen und Blättern vorbeistreichen kann (→ Seite 36/37).

➤ Wenn sich der Befall in Grenzen hält, können Neem-Produkte (Fachhandel) bzw. Nützlinge (Florfliegen gegen Thripse, Raubmilben gegen Spinnmilben) eingesetzt werden. Nutzinsekten gibt es im Versandhandel (Adresse → Seite 61).

➤ Für Topfpflanzen eignen sich kombinierte Dünger-Pflanzenschutzstäbchen. Sie werden einfach in die obere Erdschicht gesteckt.

Wühlmäuse

Diese Nager können auch beim Bambus großen Schaden anrichten, weil sie Rhizome und Wurzeln annagen.

➤ Vorbeugend können Sie das Pflanzloch mit sehr engmaschigem Kaninchendraht auskleiden. Führen Sie ihn auch oben über den Wurzelballen.

➤ Verstopfen Sie konsequent die Löcher mit einem festen Tritt.

➤ Natürlich können Sie auch Fallen (aus dem Gartencenter) aufstellen.

➤ Nach wie vor das beste Mittel ist eine Katze. ■

TIPP

>> einfach und exotisch

Bambuspflanzen stärken

➤ Abgefallene Blätter, die unter der Pflanze verrotten können, schützen nicht nur vor dem Austrocknen des Wurzelbereiches und der Kälte, sondern liefern auch wichtige Nährstoffe (Kieselsäure, Mineralien), die die Pflanze stärken und kräftigen.

➤ Insider schwören auch auf Gaben mit Pflanzenjauche aus Zinnkraut und Comfrey, die ebenfalls viel Kieselsäure enthalten. Fertigmischungen erhalten Sie in Gärtnereien.

PRAXISINFO

Spritzlösung selbst herstellen

Eine Lösung aus Spiritus und Schmierseife hilft bei kleineren Problemfällen mit unerwünschten Gästen auf der Pflanze.

✗ Sie brauchen dafür 20 ml Schmierseife, 30 ml Spiritus und 1 l Wasser.

✗ Mischen Sie alle Zutaten im Wasser auf.

✗ Alles gut verrühren und mit einer Spritzflasche auf die Tiere sprühen.

✗ Behandeln Sie die ganze Pflanze und spritzen Sie großzügig – Blattunterseiten nicht vergessen!

Pflanzenporträts

Hoher Bambus

Die großen Bambusse mit ihren zum Teil ofenrohrdicken Halmen sind schon beeindruckend – bis 10 Meter hoch können sie bei uns werden! Im unteren Drittel zeigen sie ihre glatten, starken Halme, im oberen Bereich rauschen die Blätter, und die ganze Pflanze biegt sich unter der üppigen Last ihrer Blätter elegant über.
Wie alle Bambusarten erreichen auch sie ihre maximalen, arteigenen Höhen allerdings nur unter optimalen Bedingungen, d. h. abhängig vom Standort und der jährlichen Wärmemenge. Diese Riesen können einen Hain bilden, das Grundstück zu Nachbars Garten als hohe Hecke abgrenzen oder als Einzelpflanze einen Garten zieren, wenn genügend Platz zur Verfügung steht.
Was die hohen Bambusse neben ihrer Größe besonders auszeichnet, sind ihre auffälligen und schönen Halme. Sie können mehlig bereift sein, gepunktet oder gestreift und schillern dabei grün, gelb, rot oder purpurn.

Phyllostachys nigra 'Boryana'

Höhe: 5–8 m
Frosthärte: bis –22 °C
Ausläufer bildend

➤ **besonders robust** ✿

Aussehen: Pflanze dicht belaubt, bogig überhängend; Halme im Austrieb grün, ältere gelblich mit braunen Flecken, nach langen Sommern an ein Pantherfell erinnernd; Blätter dunkelgrün
Verwendung: Einzelstellung; hohe Sichtschutzhecke, Hain
Wissenswertes: robuste, starkwüchsige Sorte, die auch an weniger günstigen Standorten zurechtkommt; treibt nur wenige Ausläufer
Heimat: China, früh in Japan eingeführt

Phyllostachys nigra 'Henonis'

Höhe: 4–6 m
Frosthärte: bis –22 °C
Ausläufer bildend

➤ **feine Belaubung** ✿

Aussehen: elegante Erscheinung; Halme grün, straff aufrecht, bis 4 cm Durchmesser; Blätter fein, zierlich
Verwendung: Einzelpflanzung, Gruppe, Hain
Wissenswertes: Halme von großer Beständigkeit, gutes Bauholz z. B. für Zäune. Diese Sorte ist benannt nach einem französischen Arzt, der um die Jahrhundertwende in Japan gearbeitet hat. Sie kommt aus Höhenlagen und ist besonders widerstandsfähig.
Heimat: Japan

✿ pflegeleicht   Sonne   Halbschatten   Schatten

Phyllostachys nuda

Höhe: 4–5 m
Frosthärte: bis –24 °C
Ausläufer bildend

➤ **gute Wuchsleistung**

Aussehen: Halme grün mit puderartigem Belag, mit ausgeprägten Knoten, junge Halme schwärzlich, bemehlt; olivgrüne, geschmeidige Blätter
Verwendung: Einzelstellung, Hecke, Hain
Wissenswertes: Die Halme der Sorte *Phyllostachys nuda* 'Localis' sind besonders dickwandig und gut zur Weiterverarbeitung z. B. zu Pergolen geeignet; frische Sprosse sehr schmackhaft
Heimat: China

Phyllostachys viridiglaucescens

Höhe: 6–9 m
Frosthärte: bis –22 °C
Ausläufer treibend

➤ **recht hoch wachsend**

Aussehen: imposante Gestalt; Halme straff aufrecht, blaugrün, unten keine Belaubung, mitunter mit puderartigem Belag unterhalb des Knotens; Blätter dunkelgrün, glänzend
Verwendung: Haine, Windschutzhecke; die Halme eignen sich als Stützen für Tomaten und Stauden
Wissenswertes: verträgt wegen hoher Wuchsleistung jährliche, dicke (3 cm) Kompostgabe; bei uns der Bambus, der die größte Höhe erreicht
Heimat: China

Phyllostachys vivax 'Aureocaulis'

Höhe: 4–6 m
Frosthärte: bis –20 °C
Ausläufer bildend

➤ **spektakuläre Halme**

Aussehen: ganz gerade und nahezu senkrecht wachsende Halme, glatt, leuchtend gelb mit grünen Streifen zwischen den Knoten, Durchmesser 4–6 cm; Blätter kräftig grün, straffer Wuchs
Verwendung: verdient einen besonders schönen Standort als Einzelpflanze
Wissenswertes: Um die attraktiven Halme bei Schneebruch nicht zu verlieren, sollte man sie vor dem Winter locker zusammenbinden.
Heimat: China

Vermehrung durch Rhizomteilung   Vermehrung durch Horstteilung

Mittelhoher Bambus

Bambusse mittlerer Größe kommen bei uns am häufigsten zum Einsatz. Einerseits entsprechen sie in ihrer Höhe und Ausdehnung den hier zu Lande üblichen Grundstücksgrößen, andererseits ist unter ihnen die Auswahl der besonders winterfesten Sorten, die nicht nur im Weinbauklima sondern auch in raueren Gefilden Freude machen, groß. Zu dieser Gruppe gehören auch die Horst bildenden *Fargesia*-Arten, bei denen man ganz ohne eine Rhizomsperre auskommt.

Die mittelhohen Bambusse wachsen etwa bis 5 m hoch. Sie sehen in Einzelstellung hübsch aus, eignen sich zu mehreren zusammengepflanzt aber auch gut als Hecke. Durch entsprechenden Schnitt kann die Hecke auf einer gewünschten Höhe gehalten werden. Sicht- und Lärmschutz gibt es mit einer Bambushecke das ganze Jahr, denn auch im Winter bleiben die Pflanzen grün. Sie wird recht dicht und gern von Vögeln als Nistplatz angenommen.

Im Gegensatz zu ihren hohen Verwandten sind mittelhohe Bambusse bis unten belaubt – positiv für den Sichtschutz. Ist dies nicht notwendig, wirken diese Bambusse auch mit ihren Halmen. Entfernen Sie die Äste an den unteren Halmabschnitten, kommen die wunderschönen Zeichnungen und Färbungen zur Geltung. *Phyllostachys nigra* 'Punctata' fasziniert mit seinen pechschwarzen Halmen, die von *Phyllostachys aureosulcata* 'Spectabilis' sind zuerst auffallend gelb mit grünen Streifen und im Winter purpurn überlaufen. Sehr attraktiv ist der Zickzackwuchs einiger Arten sowie die an Götterfiguren erinnernde Halmauswölbung von *Phyllostachys aurea.*

Wie alle Bambusse bevorzugen die mittelhohen ein Leben draußen im Garten mit freiem Bodenraum, aber sie gedeihen auch in Kübeln. Dann schmücken sie Balkone und Terrasse oder auch Innenräume und verbreiten asiatisches Flair.

Fargesia murielae 'Jumbo'

Höhe: ca. 3 m
Frosthärte: bis –23 °C
horstig

➤ **Halme überhängend** ✿

Aussehen: malerisch überhängende, grüne Halme, fingerstark; Blätter hellgrün, 1 cm breit, 4–5 cm lang
Verwendung: Solitärpflanze, für Hecken, gut geeignet als hohe, dichte Sichtschutzpflanze, auch im Kübel, erhöht am Uferrand
Wissenswertes: Diese Sorte ist in allen Teilen etwas größer als die Ausgangsart.
Heimat: ursprünglich aus China, in den 1970er Jahren in Dänemark aus Sämlingen selektiert

✿ pflegeleicht · Sonne · Halbschatten · Schatten

Fargesia murielae 'Standing Stone'

Höhe: ca. 3 m
Frosthärte: bis –23 °C
horstig

➤ **dichte Belaubung**

Aussehen: aufrechter, stabiler Wuchs; Halme fingerstark; große Blätter mit leicht silbrigem Hauch im Sommer
Verwendung: Solitärpflanze, zu mehreren als Hecke, guter Sichtschutz, als Kübelpflanze geeignet
Wissenswertes: hier handelt es sich um eine ganz neue Sorte, die seit 2003 auf dem Markt ist; blüht garantiert in den nächsten 60–70 Jahren nicht
Heimat: ursprünglich China, in Deutschland seit dem großen *Fargesien*-Sterben gezüchtet

Phyllostachys aurea

Höhe: 3–5 m
Frosthärte: bis –18 °C
Ausläufer bildend

➤ **auch als Kübelpflanze**

Aussehen: Halme grün bis gelblich, im unteren Teil mit verdickten Knoten und gestauchten Internodien. Meist bis zum Boden buschig verzweigt; üppig belaubt, Blätter hellgrün, gelblich angehaucht
Verwendung: Hecken, Einzelpflanzung, in großen Kübeln für Wintergärten und helle, kühle Innenräume
Wissenswertes: kann im Winter Laubschäden bekommen; die wulstigen Basisknoten erinnern an den Glücksgott »Hotei«
Heimat: China

Phyllostachys aureosulcata 'Aureocaulis'

Höhe: 3–5 m
Frosthärte: bis –24 °C
Ausläufer bildend

➤ **schön als Einzelpflanze**

Aussehen: Pflanze eindrucksvoll mit schirmartigem Kronenaufbau, lockerer Aufbau sorgt für wechselvolle Licht- und Schattenspiele; Halme komplett goldgelb, 1–2,5 cm dick, dicht stehend; Blätter dunkelgrün glänzend;
Verwendung: einzeln, in Gruppenpflanzung
Wissenswertes: wegen guter Winterhärte besonders empfehlenswert; braucht wegen ausladenden Blattwerks viel Platz
Heimat: China

Vermehrung durch Rhizomteilung — Vermehrung durch Horstteilung

Phyllostachys aureosulcata 'Spectabilis'

Höhe: 3–5 m
Frosthärte: bis –24 °C
Ausläufer bildend

➤ **tolle Halmfärbung**

Aussehen: im unteren Teil Triebe mit bizarrem Zickzackwuchs; Halme sehr dekorativ, gelb mit grünen Streifen in der Rinne oberhalb des Knotens, bei starker Kälte rötlich-braun; Blätter olivgrün
Verwendung: Einzelstellung
Wissenswertes: wertvolle Sorte, unter Kennern der Bambus der Zukunft – hier verbinden sich Frosthärte und bezaubernde Schönheit. Wurde erst Mitte der 1980er Jahre nach Europa eingeführt.
Heimat: nördliches China

Phyllostachys bambusoides 'Castillonii'

Höhe: 2–3 m
Frosthärte: bis –18 °C
Ausläufer bildend

➤ **kontrastreiche Pflanze**

Aussehen: junger Spross rosaorange, ältere Halme glänzend sonnengelb, Rinne unterhalb des Knotens auffallend grün, 2–3 cm Durchmesser; Blätter geschmeidig, grün, mitunter mit weißen Längsstreifen
Verwendung: wegen der auffallenden Schönheit seiner kontrastreichen Halme optimal in Einzelstellung
Wissenswertes: Wurzelbereich sollte im Winter mit Kompost oder Laub abgedeckt werden
Heimat: China

Phyllostachys bissetii

Höhe: 3–4 m
Frosthärte: bis –24 °C
Ausläufer bildend

➤ **besonders robust** ✿

Aussehen: dicht-buschige Erscheinung; Halme glänzend dunkelgrün, 1–2,5 cm dick, füllige, olivgrüne Blätter
Verwendung: wegen seiner dichten Belaubung hervorragend zur Heckenpflanzung geeignet
Wissenswertes: gedeiht auf Grund seiner beeindruckenden Vitalität an fast allen Gartenstandorten und ist selbst im sehr rauen Klima noch wuchsfreudig, da er besonders winterhart ist
Heimat: China

✿ pflegeleicht · Sonne · Halbschatten · Schatten

Phyllostachys nigra 'Punctata'

Höhe: 3–5 m
Frosthärte: bis –20 °C
Ausläufer bildend

➤ **faszinierende Halme**

Aussehen: Halme zunächst grün mit dunklen Punkten, ab dem folgenden Jahr pechschwarz glänzend; Blätter olivgrün
Verwendung: hübsch als Solitärpflanze
Wissenswertes: braucht in extrem kalten Gegenden etwas Winterschutz; ein Auslichten der älteren und dünneren Halme sowie der unteren Seitenäste verbessert den optischen Eindruck, Blätter werden ab –12 °C geschädigt
Heimat: China, Japan

Pseudosasa japonica

Höhe: 2–4 m
Frosthärte: –24 °C
Ausläufer bildend

➤ **schattenverträglich**

Aussehen: Erscheinung straff aufrecht, im oberen Teil leicht überhängend; Halme erbsengrün, fast ganz von ockerfarbenen Halmscheideblättern bedeckt; auffallend breite Blätter: 3–4 cm breit, 20–25 cm lang
Verwendung: schattenverträglich, sieht besonders gut am Wasser aus
Wissenswertes: Halme besonders geradschäftig; werden in Japan für Pfeile des traditionellen Bogensports verwendet
Heimat: Japan

Semiarundinaria fastuosa

Höhe: 3–5 m
Frosthärte: bis –18 °C
schwach Ausläufer bildend

➤ **ideale Sichtschutzpflanze**

Aussehen: nahezu säulenartiger Wuchs; Halme braun-grün, im Winter purpurn, bis 3,5 cm im Durchmesser, nicht biegsam; Blätter dunkelgrün, 3 cm breit, etwa 15 cm lang; Halmscheideblätter innen perlmuttfarben
Verwendung: idealer hoher Sichtschutz auf engem Raum, z. B. an Grundstücksgrenzen
Wissenswertes: Pflanze war in herrschaftlichen englischen und französischen Parks sehr beliebt und dort vor über hundert Jahren eingeführt
Heimat: Japan

Niedriger Bambus

Zu den niedrigen Bambussen gehören solche, die gut einen Meter hoch werden, sowie Boden deckende Arten. Der nur knapp 10 cm hohe *Pleioblastus pygmaeus* wird in Japan z. B. gern als Rasenersatz angepflanzt.
Die Stärke der Boden deckenden Bambusse ist ihre schnelle Ausbreitung – im Nu haben sie eine Fläche begrünt. Deshalb brauchen sie dringend eine Rhizomsperre! Hübsch agieren sie auch als Beeteinfassung oder Unterpflanzung von Hecken.
Die Blätter der niedrigen Bambusse wirken besonders schön. Sie sind seidig glänzend, mit teilweise auffälligen, hellen Blattstreifen oder sogar farnartig gefiedert.
Anders als bei den Verwandten sind die niedrigen Bambusse nicht ganzjährig grün. Es gibt Zeiten, meist von Januar bis März, da sind die Blätter grau und unansehnlich. Aber nach einem Rückschnitt lässt der Neuaustrieb nicht lange auf sich warten.

Fargesia murielae 'Simba'

Höhe: 1–2 m
Frosthärte: bis –23 °C
horstig

➤ **zierlicher Aufbau** ✿

Aussehen: grazile Erscheinung mit lichtdurchlässiger Belaubung bis ganz unten; fingerstarke, gelblichgrüne Triebe; Blätter frischgrün
Verwendung: Einzelstellung, in der Gruppe, z. B. als niedrige Hecke, ideal für kleine Gärten, wächst auch im Kübel gut
Wissenswertes: zierlicher als die Ursprungsart; sieht selbst bei langem Frost apart aus
Heimat: ursprünglich aus China, in den 1970er Jahren in Dänemark aus Sämlingen selektiert

Hibanobambusa tranquillans 'Shiroshima'

Höhe: 1,5–2 m
Frosthärte: –20 °C
Ausläufer treibend

➤ **dekoratives Laub** ✿

Aussehen: breitbuschig wachsend, stark verzweigend; Blätter unregelmäßig grün-weiß gestreift, Blattränder gezahnt, mit Wimperhärchen am Blattansatz
Verwendung: besonders ansprechend, wenn er als Mittelpunkt von kleineren Bambussen umrahmt wird
Wissenswertes: Blätter sind besonders widerstandsfähig gegenüber Kälte und Trockenheit und bleiben frisch-grün; verträgt Rückschnitt
Heimat: Japan

✿ pflegeleicht · Sonne · Halbschatten · Schatten

Pleioblastus distichus

Höhe: 40 cm
Frosthärte: –20 °C
stark Ausläufer bildend

➤ **farnartige Blattstellung**

Aussehen: Blätter 5–6 cm lang, 1 cm breit, dunkelgrün, fest, dicht, fächerähnlich
Verwendung: als Unterpflanzung im öffentlichen Grün, auch für Pflanztröge; verträgt Sonne und Halbschatten; im zeitigen Frühjahr kräftig zurückschneiden
Wissenswertes: mit Abstand der am dichtesten wachsende Zwergbambus, wird in Japan als Rasenersatz zur Begrünung von großen Flächen gepflanzt
Heimat: Japan

Sasa palmata 'Nebulosa'

Höhe: 1,5–2 m
Frosthärte: bis –18 °C
Ausläufer bildend

➤ **kugeliger Wuchs**

Aussehen: mehrjährige Halme im unteren Teil mit schwarzbraunen Flecken; Blätter frischgrün und attraktiv, auffallend groß mit ausgeprägter Mittelrippe und parallel laufenden Blattnerven
Verwendung: in seiner halbrunden Erscheinung (wächst so hoch wie breit) schön als Solitär; hübsch am Wasser
Wissenswertes: wird in Japan häufig zur Tischdekoration genutzt; verträgt Rückschnitt im Frühjahr
Heimat: Japan

Shibataea kumasasa

Höhe: 1 m
Frosthärte: bis –23 °C
Ausläufer bildend

➤ **attraktive Belaubung**

Aussehen: Blätter 8–10 cm lang, 2,0–2,5 cm breit, olivgrün, stehen quirlig rund um den Halm, diesen komplett verdeckend
Verwendung: schattenverträglich, als Unterpflanzung und niedrige Hecken geeignet, als Beeteinfassung (Rhizomsperre!)
Wissenswertes: mag keine heißen Standorte (z. B. Südwände); Erscheinung ähnlich dem im Mittelmeerraum bekannten *Ruscus aculeatus*
Heimat: Japan

Vermehrung durch Rhizomteilung — Vermehrung durch Horstteilung

Bambusse mit Besonderheiten

Der Bambus hat viele Gesichter, aber es gibt doch einige, die durch ihre außergewöhnlich gefärbten oder originell geformten Halme und Blätter besonders herausstechen. Mit schönen Raritäten aus dem Fachhandel holen Sie sich tolle Blickfänge in den Garten oder auf Ihre Terrassen und Balkon.

Die **Wimpern** an den Blattbasen von *Hibanobambusa tranquillans* 'Shiroshima' sind besonders ausgeprägt. Hübsch wirkt dieser mittelhohe Bambus auch durch seine panaschierten und großen Blätter. Als Vorpflanzung bringt er Farbe ins Grün.

Pechschwarz werden die Halme von *Phyllostachys nigra* 'Punctata'. Junge Halme sind zunächst grün gefärbt. Seine Schönheit kommt noch besser zur Geltung, wenn die feinen Seitenzweige im unteren Teil entfernt werden.

Solche **dicken Halme** bildet hier zu Lande nur *Phyllostachys pubescens* (= *Phyll. edulis)*: In Gegenden mit mildem Klima bildet er bei uns Halme mit einem Durchmesser von 5 cm! Ein Blickfang sind auch die Wurzelkränze an der Halmbasis, die wie ein Haarschopf aussehen.

Eine **unverwechselbare Rarität** ist der Schildkrötenbambus (*Phyllostachys pubescens* 'Heterocycla'). Schräge Zwischenböden und bauchige Halmabschnitte erinnern an einen Schildkrötenpanzer. Das edle Stück gehört in einen Kübel, damit es im Winter geschützt stehen kann.

Hell umrandete Blätter sind die Winterzierde von *Sasa veitchii*. Im Frühjahr bildet der Bodendecker neues Laub, das während der warmen Jahreszeit bläulichgrün glänzt. Schneiden Sie ihn im Frühling zurück.

Mit **schönen Kontrasten** wartet *Semiarundinaria yashadake* 'Kimmei' auf: durch das hellgrüne Laub mit langen Blättern leuchten die kleinfingerstarken, gelben Halme. An manchen Stellen sieht man sogar ihre zarte, rosafarbenen Streifung.

Weitere Bambusarten*

* Wenn nicht anders vermerkt, handelt es sich um Ausläufer bildende Arten.

Hohe Bambusse

Name	Standort	Höhe	Frosthärte	Aussehen und Wuchs	Verwendung/ Wissenswertes
Phyllostachys bambusoides 'Tanakae'	☼ ◐	6–9 m	−20 °C	braune Flecken auf grünen Halmen / Blätter olivgrün	einzeln, Gruppe / bildet schöne Haine
Phyllostachys bambusoides 'Violascens'	☼ ◐	6–9 m	−18 °C	Halme grün mit gelbroten Längsstreifen, später kupfern, brüchig, da dünnwandig / Blätter groß, dunkelgrün	einzeln / dekorative Halme
Phyllostachys glauca	☼ ◐	5–6 m	−23 °C	junge Halme, bläulich bereift / Blätter olivgrün	einzeln, Hain, Hecke / sehr robust
Phyllostachys glauca 'Yunzhu'	☼ ◐	5–6 m	−23 °C	ältere Halme schwarz gefleckt / Blätter olivgrün	einzeln, Hain, Hecke / sehr robust
Phyllostachys iridescens	☼ ◐	5–7 m	−20 °C	Halme grün / Blätter dunkelgrün	einzeln, Gruppe / junge Sprosse sind eine Delikatesse
Phyllostachys praecox	☼ ◐	8–10 m	−24 °C	Halme dunkelgrün, Sprösslinge fast weiß / Blätter dunkelgrün	einzeln, Gruppe / früher Austrieb, Sprosse sehr köstlich
Phyllostachys viridis 'Sulphurea'	☼ ◐	5–7 m	−18 °C	Halme gelb mit grünen Streifen / Blätter dunkelgrün	einzeln, Gruppe / braucht mildes Klima
✿ Phyllostachys vivax	☼ ◐	4–6 m	−20 °C	Halm grün, auffallend glänzend / Blätter dunkelgrün	einzeln, Gruppe / schnellwüchsig

Mittelhohe Bambusse

Name	Standort	Höhe	Frosthärte	Aussehen und Wuchs	Verwendung/ Wissenswertes
✿ Fargesia robusta	☼ ◐	3–4 m	−26 °C	Halme dunkelgrün / Blätter erbsengrün	einzeln, Hain, Hecke / horstig wachsend, verträgt viel Sonne
Phyllostachys aurea 'Koi'	☼ ◐	3–5 m	−18 °C	Halme gelb-grün gestreift / Blätter hellgrün	einzeln, Hain / sehr dekorativ

Name	Standort	Höhe	Frosthärte	Aussehen und Wuchs	Verwendung/ Wissenswertes
✿ Phyllostachys aureosulcata	☼ ◐	3–5 m	−24 °C	Halme grün, oft im Zickzack / Blätter dunkelgrün	einzeln, Hain, Hecke / braucht viel Platz, sehr robust
Phyllostachys bambusoides 'Castillonii-Inversa'	☼ ◐	2–3 m	−18 °C	Halme grün mit gelben Streifen / Blätter olivgrün	einzeln / braucht geschützten Standort
Phyllostachys bambusoides 'Holochrysa'	☼ ◐	2–3 m	−18 °C	Halme gelb-orange mit grünen Streifen / Blätter dunkelgrün	einzeln, Gruppe / braucht mildes Klima
Pleioblastus shibuyanus 'Tsuboi'	☼ ◐	2–3 m	−18 °C	flächig wachsend; dünne gerade Halme, dichte, weiß gestreifte Blätter	Hain, Hecke, Kübel / bevorzugt mildes Klima
Semiarundinaria yashadake 'Kimmei'	☼ ◐	3–4 m	−18 °C	Halme dünn, gelb mit grünen Streifen / Blätter hellgrün	Hain, Kübel / Sichtschutz

Niedrige und Boden deckende Bambusse

Name	Standort	Höhe	Frosthärte	Aussehen und Wuchs	Verwendung/ Wissenswertes
Fargesia rufa	◐	2–3 m	−24 °C	Halme dunkelgrün	einzeln, Hain / horstig wachsend
Indocalamus latifolius	☼ ◐	1,5–2 m	−18 °C	Halme dunkelgrün/ lange, breite Blätter	einzeln, Gruppe
Pleioblastus chino 'Elegantissima'	◐	1,5–2 m	−18 °C	Halme grün/ Blätter weiß gestreift	Gruppe / bes. dekorativ
Pleioblastus pumilus	☼ ◐	0,8 m	−20 °C	Halme sehr dünn, 3–4 cm lang / Blätter hellgrün	Bodendecker / vor Austrieb abmähen
Pleioblastus pygmaeus	☼ ◐	0,5 m	−20 °C	Halme sehr dünn, 1–3 cm lang / Blätter hellgrün	Bodendecker / vor Austrieb abmähen
Pleioblastus viridistriatus	☼ ◐	0,5 m	−22 °C	Halme komplett von dem samtigen, attraktiven, gelbgrün gestreiften Laub verdeckt	Gruppe, niedrige Hecke / im Frühjahr über dem Boden abschneiden
Sasa tessellata	☼ ◐	1–2 m	−18 °C	Halme grün/ Blätter lang und breit	Gruppe
✿ Sasa veitchii	☼ ◐	0,5 m	−22 °C	Blätter im Winter weiß umrandet	Unterpflanzung, Vorpflanzung / kräftiger Rückschnitt vor Neuaustrieb

Begleitpflanzen

Gehölze

Name	Standort	Höhe	Blütenfarbe/ Blütezeit	Wissenswertes
Baumpäonie *Paeonia suffruticosa*	☼ ◑	1–1,5 m	farblich sortiert (weiß, rosa, gelb, rot); Mai–Juni	Rabatte, Solitär, Kübelpflanzung, in China die Blume der Kaiser, alte Kulturpflanze
Buchsbaum *Buxus sempervirens*	☼ ◑	bis 3 m	unscheinbare, aber nach Honig duftende Blüten; Mai	versch. Arten und Sorten, schnitt- u. schattenverträglich, immergrün
Chin. Blumen-Hartriegel *Cornus kousa* var. *chinensis*	☼	5–7 m	weiß Mai–Juni	sehr dekorative Solitärpflanze, leuchtend rote Herbstfärbung
Chinesische Zaubernuss *Hamamelis mollis*	☼ ◑	3–4 m	gelber Winterblüher; Januar–Februar	Blüten ertragen im eingerollten Zustand –10 °C, gelbe Herbstfärbung
Eibe *Taxus baccata*	☼ ◑ ●	bis 10 m	unscheinbar, giftige rote Beeren	weiche, dunkelgrüne Nadeln, schnittverträglich, kann einige hundert Jahre alt werden
Hortensie *Hydrangea macrophylla*	◑	0,5–1 m	farblich sortiert, rosa, blau, weiß; Juni–Juli	Farbe kann sich je nach pH-Wert ändern, überreich blühend
Immergrüner Schneeball *Viburnum rhytidophyllum*	☼ ◑	3–5 m	cremeweiße Blüten; Mai–Juni	Herkunft China, sehr frosthart, rasch wachsend, im Alter genauso breit wie hoch wachsend
Japanischer Ahorn *Acer japonicum* 'Aconitifolium'	☼ ◑	3–5 m	purpurn in kurzen Trauben; April–Mai	schön als Solitär, geschlitztes Laub, prächtige, orange-feurig weinrote Herbstfärbung
Japanische Azalee *Azalea japonica*	◑	0,5–1,5 m	farblich sortiert (weiß-rosa, rot, orange, lila, violett); April–Mai	verschiedene Arten und Sorten, sehr reichblühend, immergrün
Jap. Etagen-Schneeball *Viburnum plicatum* 'Mariesii'	☼ ◑	2–3 m	cremeweiße, flache Dolden; Mai–Juni	ausgeprägte Zweigetagen, weinrote Herbstfärbung, ideal für japanische Gartensituationen
Kirschlorbeer *Prunus laurocerasus*	◑	2–3 m	cremeweiße Blütentrauben im Mai, Blätter ledrig, glänzend	schnittverträglich, hitzebeständig, sehr anpassungsfähig
Kobushi-Magnolie *Magnolia kobus*	☼	6–9 m	weiß, sehr zahlreich; April–Mai	Herkunft: Japan, sehr winterharte Art (–30 °C), im Alter weit ausladende Äste

Pazif. Blüten-Hartriegel *Cornus nuttallii*	☼	4–6 m	große weiße Hochblätter; Mai	Solitärstellen in Gärten und Parks, besonderer Blickfang
Prachtglocke *Enkianthus campanulatus*	◐	2–3 m	hängende, zahlreiche hellgelbe Dolden, April–Mai	gut frosthart, lange Blütezeit, leuchtend rote Herbstfärbung, für schattige Plätze geeignet
Rhododendron *Rhododendron*	◐	bis 5	verschiedene Blütenfarben; Mai–Juni	verschieden Arten und Sorten, ledrige Blätter, eher mittelhoch wachsend
Tempel-Kiefer *Pinus bungeana*	◐	im Alter bis 10 m	unscheinbar	bei uns sehr rar, buntscheckige Borke, im Alter silbrigweiß
Zypresse *Microbiota decussata*	☼ ◐ ●	30–40 cm		anspruchslos, dicht verzweigt, breitet sich flach u. bodennah aus, Blätter im Winter kupferrot

Stauden

Name	Standort	Höhe	Blütenfarbe/ Blütezeit	Wissenswertes
Asiatische Lilien *Lilium*-Hybriden	☼	0,6–1 m	weiß, gelb, orange, rosa,rot, oft zweifarbig; Juni–Juli	einfach zu kultivieren, gute Schnittblume, Blüten in Schalen- und Türkenbundform
Chinesische Pfingstrose *Paeonia lactiflora*	☼	0,6–1 m	weiß, rosa, karminrot, Mai–Juni	horstartiger Wuchs, prächtige, rote Herbstfärbung des Laubes, sehr alte Kulturpflanze, gute Kübelpflanze
Funkien *Hosta*	◐	0,3–0,8 m	weißlich, blassrosa, hellblau; Juli–August	flächendeckender, dekorativer Blattschmuck selbst in bläulichen Tönen, langlebig
Immergrün *Vinca minor*	◐	0,1–0,2 m	blau, weiß, April–Mai	pflegeleicht, Boden komplett deckend, starkwüchsig, extrem frosthart
Japanische Anemone *Anemone japonica*	◐	0,4–0,8 m	weiß, rosa, rot; August–September	versch. Sorten; für Rabatte geeignet, robust, zügig wachsend, langlebig
Liriope *Liriope muscari*	◐	0,2–0,3 m	violett; August–September	immergrün, als Unterpflanzung geeignet, zierliches, grasähnliches Laub
Prachtspiere, Astilbe *Astilbe*-Arten	◐	0,6–1 m	weiß, rosa, rot, violettrosa; Juli–September	horstartiger Wuchs, federartige Rispen oder aufrechte Lanzen, benötigt luftfeuchte Standorte
Schlangenbart *Ophiopogon planiscapus* 'Nigrescens'	◐	0,2 m	weißlich-rosa in lockeren Trauben; Juli–August	zierliche, aparte Staude, auffälliges, pechschwarzes Laub; einfach zu kultivierende Besonderheit

Arbeitskalender

Januar – April: Start ins neue Gartenjahr

JAN./FEB.

- **Auswählen:** Jetzt in Katalogen schmökern oder im Internet nach Bambussen und Begleitpflanzen suchen.
- **Gestalten:** Skizzieren Sie auf dem Papier zukünftige Pflanzflächen; schön gefärbte Halme herausschneiden und als Kletterhilfen (z.B. Aufbindstäbe, Rankgitter) verwenden
- **Pflegen:** Kübelpflanzen im Winterquartier kontrollieren und bei Bedarf und frostfreiem Boden gießen; Winterschutz draußen überprüfen, ggf. neu zusammenbinden.

Mai – August: Ein Sommer mit Bambus

MAI/JUNI

- **Auswählen:** In Gärtnereien, anderen Gärten oder Parks Bambusse anschauen und inspirieren lassen.
- **Gestalten:** Bambusse für Formschnitt auswählen und bei den ausgereiften Vorjahreshalmen durchführen; ggf. Stützgerüst für Torbogen aufstellen; Begleitpflanzen für die Kübelpflanzen ggf. erweitern
- **Pflegen:** bei Trockenheit wässern, auch die Kübelpflanzen, diese ggf. auch düngen; Pflanzen an Stützgerüsten anbinden

September – Dezember: Immergrün in den Winter

SEPT./OKT.

- **Gestalten:** bei den ausgereiften Halmen ist ein Formschnitt möglich; nach der Sommerhitze ist es wieder günstig, Bambusse zu pflanzen oder ggf. umzupflanzen.
- **Pflegen:** in den milden Herbstperioden regelmäßig wässern; hinsichtlich Schädlingsbefall kontrollieren; herabfallendes Laub in den Bambussen belassen; empfindliche Kübelpflanzen ins Winterquartier stellen

MÄRZ/APRIL

- **Gestalten:** Bambuspflanzen im Garten nach ästhetischen und standortbedingten Kriterien verteilen; Kübel aufstellen
- **Pflanzen:** Unkräuter entfernen, Kompost einarbeiten, Rhizomsperren einbauen, Bambusse einpflanzen; Kübel bepflanzen
- **Pflegen:** Winterschutz entfernen; geschädigte Halme ausschneiden, Bodendeckerbambusse zurückschneiden, Hecken schneiden; Kompost oder Bambusdünger verteilen, mit gehäckselten Halmen mulchen

JULI/AUGUST

- **Gestalten:** eventuelle Änderungswünsche im Garten notieren (neue Pflanzflächen festlegen, neue Begleitpflanzen auswählen, Bambusse für die Vermehrung markieren); ggf. abgeblühte Balkonpflanzen austauschen
- **Pflegen:** Bambusse auf Schädlingsbefall kontrollieren und ggf. behandeln; evtl. die über die Rhizomsperren wachsenden Rhizome abschneiden; Ende August letzte sparsame Düngergabe; bei trockenen Perioden auf feuchten Boden achten

NOV./DEZ.

- **Gestalten:** Schöne Halme ernten und zu Rankgittern oder Aufbindstäben verarbeiten.
- **Pflegen:** Wenn der Boden nicht gefroren ist, die Bambusse kräftig wässern; trockenes Laub an der Pflanzenbasis aufschütten; Halme vor dem ersten Schneefall zusammenbinden; Kübel, die draußen bleiben, an einen windgeschützen Ort stellen, mit Vlies oder Noppenfolie ummanteln

Die **halbfett** gesetzten Seitenzahlen verweisen auf Abbildungen.

Literatur

Eberts, Wolfgang: Farbkatalog mit Sortenbeschreibung und Pflegehinweisen. Zu beziehen bei Bambus-Centrum, s. u.

Grow your own House. Simón Vélez und die Bambusarchitektur. Vitra Design Museum (Hrsg.)

Pfisterer, Jochen: Zimmer-Bonsai formen & pflegen. Gräfe und Unzer Verlag, München

Recht, Christine/Wetterwald, Max/Simon,Werner: Bambus. Ulmer Verlag, Stuttgart

Roth, Johannes: Gartenlust. 50 Blumenstücke und Anleitungen zur gärtnerischen Kurzweil
Insel-Verlag, Frankfurt

Roth, Johannes: Die neue Gartenlust. Weitere Blumenstücke und Anleitungen zur gärtnerischen Kurzweil
Insel-Verlag, Frankfurt

Takama, Shinji: Bambus. DuMont Reise Verlag, Köln

Adressen

Pflanzen

Bambus-Centrum
Deutschland
Saarstraße 3–5
76532 Baden-Baden
www.bambus.de

Bambus Willumeit
Gartenbau GmbH
Nussbaumallee 69
64297 Darmstadt

Werner Simon
Sortiment und Versuchsgärtnerei
Staudenweg 2
97828 Marktheidenfeld

Informationen

EBS – European Bamboo
Society e.V.
Sektion Deutschland:
Frau Edeltraud Weber
John-Wesley-Straße 4
D- 63584 Gründau
www.bambus-deutschland.de

Sektion Schweiz:
Herbert Sennhauser
Rietstraße 3A, CH-8630 Rüti
www.bambus-schweiz.ch

Sektion Österreich:
Robert Jonas
Flugfeldstr. 5, A-2201 Seyring
Robert.jonas@gmx.at

Bambusflötengilde
in Deutschland e. V.
Marienburgerstr. 5
40599 Düsseldorf

Nützlinge

Der besondere Garten
Ralf Hildebrandt
In der Grub 34, 88131 Lindau
Telefon 08382/275290
www.derbesonderegarten.de

Sautter und Stepper
72119 Ammerbuch/Altingen
Tel. 07032/957830
www.nuetzlinge.de

Bambus-Utensilien, Möbel

Hinz und Holz
93326 Abensberg
Tel. 09443/6442
www.hinzundholz.de

MariGold
Bambus
Natur & Design
Heiterwanger Str. 56
81373 München
Tel. 0 89/7 60 49 39
www.marigold.de

www.lars-bambussen.com

www.bambusmoebel.de

Bildnachweis

Alle Fotos von Schneider / Will mit Ausnahme von: Borstell: 18, 19, 26, 56 mi.; Eberts: 21, 22, 35, 45 li., 49 li., 49 re.; Fischer: 14 re., 36; Froese: 9, 57 u.; Nickig: 24, 25 li., 25 re., 40; Reinhard: U2/1, 6, 7, 8, 14, 16, 23, 30, 51 re.u.; Rogers: 56 u., 64; Schrameyer: 38; Strauß: 57 mi.; Thieme: 39; Welsch: 15, 17, 20, U4 mi.

Illustrationen von Heidi Janiček.

Fotos auf dem Umschlag und im Innenteil:

Umschlagvorderseite: *Pleioblastus distichus*; Umschlag innen / S. 1: diverse Bambusse im Garten; S. 4/5: Rhizomsperre anlegen; S. 40/41: *Phyllostachys bissetii*; S. 64: Statue umrahmt von Bambus; Umschlagrückseite: *Phyllostachys nuda* (li.), *Fargesia murielae* (mi.), Bambus eintopfen (re.).

Dank

Der Verlag und die Fotografin Jutta Schneider danken Manuela Park, Karlsruhe, für das Styling des Bambus-Festes (S. 32/33) und Thorsten Willmann für die redaktionelle Unterstützung.

Wichtige Hinweise

➤ Einige der hier beschriebenen Pflanzen sind giftig oder Haut reizend. Sie dürfen nicht verzehrt werden.

➤ Bewahren Sie Düngemittel für Kinder und Haustiere unerreichbar auf.

➤ Wenn Sie sich bei der Gartenarbeit verletzen, sollten Sie umgehend einen Arzt aufsuchen. Eventuell ist eine Impfung gegen Tetanus erforderlich.

Der Autor

Wolfgang Eberts ist Gärtnermeister und Inhaber des Bambus-Centrum Deutschland, einer Baumschule und Gärtnerei in Baden-Baden. Die Gärtnerei ist spezialisiert auf Bambusse, mit eigener Anzucht in Ligurien, wo ein umfassendes Sortiment der Riesengräser in Töpfen herangezogen wird. Wolfgang Eberts ist Mitbegründer der europäischen und deutschen Bambusgesellschaften.

GRÄFE UND UNZER

Ein Unternehmen der
GANSKE VERLAGSGRUPPE

Impressum

Programmleitung: Steffen Haselbach
Leitende Redaktion: Anita Zellner
Redaktion und Konzeption: Angelika Holdau
Lektorat: Eva Tauber
Umschlaggestaltung und Layout: independent Medien-Design, München
Produktion: Bettina Häfele
Satz: Uhl + Massopust, Aalen
Reproduktion: Longo, Bozen
Druck und Bindung: Kaufmann, Lahr
Printed in Germany

ISBN 3-7742-5751-5

Auflage	4	3	2	1
Jahr	2006	2005	2004	2003

Das Original mit Garantie

Ihre Meinung ist uns wichtig. Deshalb möchten wir Ihre Kritik, gerne aber auch Ihr Lob erfahren. Um als führender Ratgeberverlag für Sie noch besser zu werden. Darum: Schreiben Sie uns! Wir freuen uns auf Ihre Post und wünschen Ihnen viel Spaß mit Ihrem GU-Ratgeber.

Unsere Garantie: Sollte ein GU-Ratgeber einmal einen Fehler enthalten, schicken Sie uns das Buch mit einem kleinen Hinweis und der Quittung innerhalb von sechs Monaten nach dem Kauf zurück. Wir tauschen Ihnen den GU-Ratgeber gegen einen anderen zum gleichen oder ähnlichen Thema um.

Ihr Gräfe und Unzer Verlag
Redaktion Garten
Postfach 86 03 25
81630 München
Fax 0 89/4 19 81-1 13
e-mail:
leserservice@
graefe-und-unzer.de

GU PFLANZENRATGEBER

Wenig tun, viel genießen.

ISBN 3-7742-5441-9
64 Seiten
7,90 € [D]

ISBN 3-7742-3621-6
64 Seiten
7,90 € [D]

ISBN 3-7742-5443-5
64 Seiten
7,90 € [D]

ISBN 3-7742-5750-7
64 Seiten
7,90 € [D]

ISBN 3-7742-2145-6
64 Seiten
7,90 € [D]

Gärtnern schnell & einfach? Gar kein Problem! Verwandeln Sie Garten, Terrasse, Balkon und Haus im Handumdrehen in eine grüne Oase. Das 5-Stufen-Erfolgsprogramm zeigt, wie's geht.

WEITERE LIEFERBARE TITEL BEI GU:

➤ GU PFLANZENRATGEBER: **Balkonpflanzen, Günstig gärtnern, Küchenkräuter, Orchideen, Rasen**

G|U

Gutgemacht. Gutgelaunt.

BAMBUS AUSWÄHLEN

Finden Sie Ihren Lieblingsbambus! Hier zu Lande gibt es rund 1000 Bambusarten und -sorten, darunter **meterhohe** und **zentimeterniedrige**, welche mit gezeichneten Halmen oder mit gefärbten Blättern, einige sind sogar für die **Kübelhaltung** geeignet und zieren ihren Balkon oder Ihre Terrasse.

So haben Sie Freude an Ihrem Bambus

DEN BODEN VORBEREITEN

Bambusse lieben gut **durchlässige**, humose Böden. Sorgen Sie bei **leichten** Sandböden für bessere Wasser- und Nährstoffhaltekraft, d. h. Lehm einbringen oder Tongranulat ausstreuen. **Schwere** Tonböden können mit Sand oder gebrochener Lava abgemagert werden.

AUSREICHEND DÜNGEN

Bambus ist kein Kostverächter. Geben Sie besonders im Frühjahr einen stickstoffbetonten **Mineraldünger** oder eine dicke Schicht **Kompost** an die Pflanzen. Im Spätsommer möchte der Bambus noch einmal versorgt werden, da dann die Rhizome weiter wachsen.

WINTERSCHUTZ

Bambusse können durch Schneebruch beschädigt werden. **Binden** Sie sie vor der kalten Jahreszeit locker zusammen, damit sie die attraktiven Halme nicht verlieren. Eine **Laubschüttung** mit Hasendraht schützt die Pflanzen vor dem Bodenfrost.